関東周辺

|||||||||| レベル別 ||||||||||

おすすめ 登山ガイド

日帰りから山小屋泊まで選べる **30** コース

著 ステップアップ登山編集室

JN094633

メイツ出版

はじめに
prologue

　なにかと忙しい世代の、限られたオフの時間を利用して「もっと山を楽しみたい！」という希望を応援するため、日帰りから1泊2日で行ける関東近郊の登山コースを厳選してご紹介しているのが本書です。

　カップルでグループでファミリーでと、より多くの人が山へ自然へと足を運ぶ機会を広げるなかで、多様なニーズに応えられるよう、2012年発行の『関東 女子の山歩き』をベースに改訂し、快適に登れる山々をレベルに合わせてご紹介します。

　ここ数年、山歩きのコース自体には大きな変化はないものの、増税やあらゆる情報ソースのデジタル化という社会的な変化と、温暖化による地球の気候変動、具体的には超大型台風による土砂崩れなど、登山を取り巻く環境の変化はかなり大きなものがあるように思います。そんな慌ただしい時代を生きる読者の皆さんにとっては、余暇の過ごし方にもさまざま選択肢が増え、山を歩く楽しみ方も多様化しています。登頂する達成感やよりスピードを追い求める登山スタイルだけでなく、運動不足の解消、心のリトリート、仲間とのコミュニケーションなど、だれもが山や森の中で自分のスタイルで思い思いに過ごす時代になりました。

　本書では、山歩きのコースを「気軽に行けるコース」、「ステップアップコース」、「一泊二日のコース」の3つのステップに分けて構成しています。入門者の方は「気軽に行けるコース」から始めて、徐々に体を慣らしステップアップしていく楽しみを味わっていただけたら嬉しく思います。

山歩きに慣れてきた方は、登山の回数を重ねることで体力アップを図り、次は山の中で夜を過ごす経験へと技術を身に着けて行っていけたらと思います。満天の星空、荘厳なご来光の瞬間、キリリと冷えた朝の空気感など、山の中でしか見ることができない風景に出会えば、もう山の魅力に取りつかれてしまうことは間違いありません。気がついたら週末ごとに山に出かけていることでしょう。

　「さて、次はどこの山に登ろうか？」。頭の中はワクワクした計画でいっぱい。そんな山歩きの達人が増えることを願っています。

［本書の見方］

【標高】
コース最高点の標高です。
【歩行時間】
コースの歩行時間の合計です。休憩時間は、含みません。また、気象条件や道の状況、個人の体力や経験などにより大きく変わる可能性があります。この時間はあくまでも目安ですので、余裕を持った計画を立ててください。
【歩行距離】
コースの歩行距離の合計です。地形図をもとに沿面距離を計算していますが、実際とは若干の誤差が出る場合もあります。
【最大標高差】
コース最高点と最低点との標高差です。
【course map】
本書の地図作製にあたっては、DANの杉本氏作製の「カシミール3D」を利用させていただきました。
【course guide】
コースの標高差（高低差）を曲線で表したものです。

縦横の比率（標高と歩行時間）は一致していないため、実際のものとは異なります。上り下りの目安としてお使いください。
【立ち寄り温泉】【旬の見どころ】ほか
登山コースの最寄りの温泉施設、コース内で見られる特徴的な花を紹介しています。
【access】
電車やバスなどの公共交通機関を利用して行く場合のアプローチ方法です。往路と復路が異なる場合は、それぞれを表記しました。また、クルマで行く場合のアクセス方法も掲載しました。多くのコースは往復登山になります。一般道の所要距離は概算ですので、ご了解ください。
【問い合わせ先】
当該コースの交通機関および案内についての連絡先を紹介しています。

※本書のデータは2020年2月現在のものです。料金、定休日、営業時間、問い合わせ先などは変わる場合がありますので、その点ご了解ください。

目次
contents

※**本書は2012年発行の『関東 女子の山歩き 週末登山とっておきガイド』に加筆・修正を行い、「レベル別おすすめ登山ガイド」として再編集したものです。**

エリアマップ
area map

福島県

新潟県

栃木県

群馬県

㉑日光白根山

㉖白馬乗鞍岳

⑱高山

⑥戦場ヶ原

長野

⑰赤城山

宇都宮

⑮黒斑山

前橋

㉗燕岳

⑭妙義山

②筑波山

長野県

松本

③宝登山

埼玉県

茨城県

㉘赤岳

さいたま

茅野

⑩丸山

㉓木曽駒ヶ岳

㉔金峰山

㉕雲取山

⑳武川岳

⑬大菩薩嶺

⑤御岳山

㉙鳳凰三山

甲府

⑧三頭山

④陣馬山

東京

東 京 都

千葉

⑫景信山

⑨高尾山・城山

山梨県

㉒鍋割山

⑯大山

横浜

神奈川県

㉚富士山

⑦金時山

⑲明神ヶ岳

千 葉 県

①鋸山

⑪幕山・南郷山

静 岡 県

静岡

5

登山の服装と装備・心得・マナー

ここでは本書の特徴である「気軽に行けるコース」、「ステップアップコース」、「一泊二日のコース」の３つに分けて、山歩きの服装と装備について、それぞれのポイントを記しています。

★服装

　これから山歩きを始める方はもちろん、ベテランにとっても服装選びは意外と難しいものです。なぜならその時の気候や気温、歩く予定のコースの特徴によって、服選びもその都度違ってくるからです。夏場なら汗対策、寒い季節なら防寒対策が基本の要素ですが、さらに雨を想定した防水対策、標高差の大きいコースを歩くなら細かい温度調整が可能な服選びなど、いろいろと予測して考えなければならないことがたくさんあります。ここでは基本的な服選びについて、主に準備段階で必要な項目を説明しています。

【気軽に行けるコース】

　まず始めに用意したいのが雨具です。ジャケットとパンツの上下別々になるセパレートタイプの**レインウェア**を一着準備しましょう。予算的に厳しい方は、ポンチョやウィンドブレーカー＋傘など、急な雨をしのげるものを持参して雨対策を。雨具は雨が降っていなくても必ず携行します。風が強い場合には、風除けとしても使用します。

　雨具の次に大切なものが、肌に直接触れる**アンダーウェア**です。汗をかいたらすばやく吸い取り、外側に蒸散させる高機能な素材の下着がおすすめです。吸湿速乾性の下着が売られていますので、こちらも少しずつ揃えていくようにしましょう。生地の厚みにも種類がありますが、いちばん下に着るものなのであまり厚みのないタイプのほうが季節を問わず多用途に使えます。

　パンツは動きやすいタイプのものを選びます。あとは帽子と手袋を準備しましょう。

【ステップアップコース】

　初級から中級へとステップアップしたい方には、レイヤードの基本をお伝えします。レイヤードとは重ね着を意味します。**アンダーウェア、ミッドレイヤー、アウターと順に衣類を重ねて着る**ことが、温度調整をしやすく常に動き続ける登山に向いています。暑くなったら一枚脱いで、寒くなったら一枚着る、これを登山中に繰り返すことで自分で温度調整をします。暑いとか寒いとかの感じ方も人によって異なりますし、歩くペースによっても違います。この衣類による温度調整を面倒くさがらずにこまめに繰り返すことが、より快適な山歩きにつながります。衣類は脱着しやすいデザインのものを選ぶことがポイントです。

【1泊2日のコース】

　山の中での宿泊がともなう登山には、**防寒具が必携**になります。防寒具とは文字通り、寒さを防ぐために着る衣類のことですが、例えば真夏のように気温がそれほど低くない場合ならフリースやセーターなどを指しますし、秋冬や富士山のように標高が高い場合はダウンジャケットなどを指します。最新の防寒具の代表はダウンや化繊の中綿が入ったタイプの衣類で、インサレーションとも言われています。これらの特徴はなんといっても軽量でさらにコンパクトに収納できること。さらに保温性も抜群です。荷物をなるべく軽量化したいウルトラライトハイカーにも人気のアイテムです。

　長袖のアンダーウェアを薄手のウール素材のものにすると、数日間着用しても匂いが気になりません。

★装備

山歩きに必要な装備と言えば、まずは靴とザックです。靴なら自分の足型に合ったもの、ザックなら自分の身長や肩幅に合ったもの（または調整できるもの）など、どちらも自分に合うものを選ぶことがもっとも大切な要素です。はじめて購入する場合は、山歩きの先輩にアドバイスしてもらうか、山に詳しいスタッフのいる登山専門店で相談するなどして、最適なものを選びましょう。

【気軽に行けるコース】

軽量で歩きやすいタイプの靴がおすすめです。ミッドカットで、ナイロン素材のハイキングシューズがたくさんありますので、その中から自分の足型に合うものを探してみましょう。ただしソールはしっかりとしたものを選びます。溝が深いタイプのものがぬかるみでも滑りにくいです。

ザックは雨具と水筒、お昼ご飯など最低限の荷物が入る大きさで、25リットルが目安になります。ショルダー部分はパッドになっていると多少荷物が重くなっても肩に食い込みません。チェストベルトやウエストベルトが付いていると、より歩きやすく感じられます。

【ステップアップコース】

山歩きに慣れてくると、本格的なカメラで風景を撮影したり、山頂で調理をしてランチタイムを楽しんだりと、山の楽しみ方もどんどん広がっていきます。そうなると荷物も必然的に多くなり、もう少し容量の大きいザックのほか買い足しするグッズも増えていきます。ザックはファスナータイプではなく雨蓋タイプのザックをひとつ買い足しするといいでしょう。**35リットルくらいのザックなら日帰りから1泊くらいの山行まで多用途に使えて便利**です。

【1泊2日のコース】

山小屋泊からテント泊まで、山での過ごし方も思い思いに楽しめる上級者の方には、荷物のパッキングと背負い方についてお伝えします。荷物は重いものが上、軽いものが下になるように詰めると重心が下にならずバランスよく背負えます。ザックを背負うときは、まずウエストベルトを骨盤を覆うような位置で締めます。それからショルダーハーネスを締めてザックを自分の背中側に寄せます。最後にチェストベルトを鎖骨とバストのトップの中間にあたる位置で固定して苦しくない程度に締めます。これを**ザックのフィッティング**といい、重い荷物を少しでも軽くする為の技術のひとつとなります。荷物を自分の体にぴったりとくっつけるイメージです。これによって不安定な箇所をより安全に歩くことができ、長時間の歩行の疲労を軽減することができます。

★心得・マナー

● まず、準備体操をしてから出発しましょう。

● 歩き始めはゆっくりと。常に一定のペースを心がけましょう。

● 40～50分歩いたら1回休憩。休憩のたびに水分補給を忘れずにしましょう。

● 服装の温度調整はこまめに。暑いと思ったら1枚脱ぎ、寒いと思ったら1枚着ましょう。

● 登山者と出会ったら、「こんにちは」などの挨拶をかわしましょう。

● ゴミはすべて持ち帰りましょう。

● 登山道は原則「登り優先」で。

鋸山山頂からの雄大な眺め

ロープウェイ利用でらくらく絶景散歩

鋸山

nokogiriyama

●のこぎりやま ●千葉県 ●日帰り

歩行時間：1時間45分／歩行距離：約5.5km／最大標高差：約319m

標高
329m

guide
1

東京湾を見渡す山頂へ
日本寺の境内に入山する

❶浜金谷駅前の通りを進み、国道127号に出たら左折。ロープウェイ❷山麓駅に向かう。約4分の空中散歩を楽しみながら、山頂駅へ。標高329メートルの❸鋸山山頂に立つと東京湾のパノラマが広がっている。ここから山道を下り、日本寺の入口へ。境内へは拝観料を納めて入山する。

日本寺は約1,300年の歴史がある古刹で、弘法大師などの名僧が修行した古道場。10万坪余の広い境内には見どころが多く、時

間や体力に応じて周回できるコースになっている。本コースでは西口管理所から入山し、表参道管理所まで下っていく。

管理所から登山道を進むと、切り立った石の壁が現れる。さらに奥の広場へ進んでいくと、高さ30メートルの百尺観音が壁に囲まれて安置されている。この先にある急な階段を上がっていくと、❹地獄のぞきと呼ばれる展望台だ。空中に飛び出た岩場の先端まで歩いてみると、思わず足がすくむ。

気楽に行けるコース

一泊二日のコース

1.かつての石切り場に彫られた観音像　2.見どころが
つづく日本寺境内　3.鋸山山頂はロープウェイ山頂駅
のすぐ上にある　4.木の根が時代を物語る山道を歩く
5.お願い地蔵に願いをこめて

guide 2

境内の見どころを鑑賞し
保田駅へ下山する

　地獄のぞきから山道を下っていくと、西国観音、百躰観音、千五百羅漢、維摩窟と次々と羅漢像が現れる。喜怒哀楽を表現したというさまざまな容姿の羅漢像と、風化浸食された奇岩を鑑賞しながら登山道を進む。このあたりの山道は木の根が露出した箇所がある。雨の後は土と木の根が濡れていて滑りやすいので注意しながら歩こう。

　大仏口管理所を過ぎると歩きやすい参道となり、最奥の広場に向かう。広場には総高31mと日本最大を誇る石造りの❺大仏が立ち、その大きさに圧倒されることだろう。

　ゆるやかに下っていくと表参道管理所のある観音堂に着く。慈覚大師作と伝わる金剛力士像を収めた仁王門を過ぎると、階段状の石段となり、車道に出る。

　保田駅へ続く遊歩道は案内板にしたがって左の細い路地を入っていく。しばらく線路に沿って歩き、住宅地を抜けると❻保田駅に出る。

断崖絶壁にある展望台、地獄のぞきへはぜひ立ち寄りたい

course guide

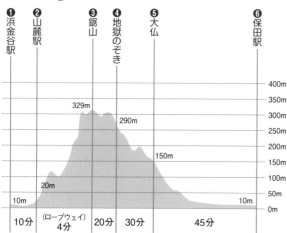

❶ 浜金谷駅	❷ 山麓駅	❸ 鋸山	❹ 地獄のぞき	❺ 大仏	❻ 保田駅

329m
290m
150m
20m
10m
10m

400m
350m
300m
250m
200m
150m
100m
50m
0m

10分　（ロープウェイ）4分　20分　30分　45分

ロープウェイで絶景散歩
房総の名山と日本寺散策

　房総の名山といえば鋸山。鋸の歯のように鋭い岩肌からその名がついたと言われている。ロープウェイを利用して山頂に上がり、絶景を楽しんだ後は、日本寺境内をめぐりながら下山するコース。思わず足元がすくむ「地獄のぞき」、喜怒哀楽を表現した千五百羅漢像、石造りの大仏など見どころ満載。絶景と史跡の両方を楽しめるコース。

course information

トイレ／浜金谷駅、ロープウェイ・山麓駅、山頂駅、日本寺境内にある。
買い出し／駅前にコンビニやスーパーはない。事前に準備しておきたい。
飲料水／ロープウェイ乗り場にある自販機で購入する。
飲食店／駅前、ロープウェイ山頂駅に食堂がある。
おみやげ／金谷港、ロープウェイ乗り場で購入できる。
季節／年間通じて登れる。

course map

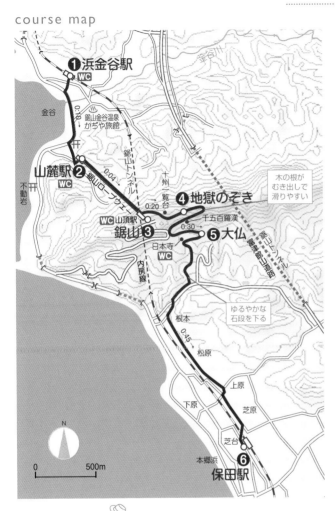

立ち寄り温泉

鋸山金谷温泉
かぢや旅館

　鋸山金谷温泉郷にある安政元年創業の老舗宿。やわらかい泉質で、よく温まると評判。日帰り入浴も可能で、磯料理と入浴のセットもある。事前に要予約。入浴料700円。⓪12時〜19時。㊡不定休。
☎0439-69-2411

旬の見どころ

甘い香りが一面に漂う
房総のスイセン

　12月末から2月まで、房総半島のいたるところでスイセンが見られる。鋸南町は房総でものスイセンの群生地として有名だ。スイセン畑を訪れてみると、満開の時期には一面が甘い香りで満たされている。ぜひ冬に訪れてみたい。

access&tel

行き：新宿駅から特急さざなみ利用で約1時間50分、JR内房線浜金谷駅へ。神奈川方面からなら東京湾フェリー利用で久里浜〜金谷間が約40分、1日に14便が運航されている。
帰り：JR内房線保田駅へ。

クルマ：館山自動車道・富津金谷ICより県道237号、国道127号を経由（約5km）で日本寺の大仏広場下（東口）

の駐車場へ。このほかにもロープウェイ乗り場、日本寺西口、大仏口など駐車場は多数ある。

問い合わせ先

富津市商工観光課 ☎0439-80-1291
日本寺 ☎0470-55-1103
鋸山ロープウェー ☎0439-69-2314
東京湾フェリー ☎046-830-5622

360度の大パノラマ、日本百名山一の低山

筑波山

●つくばさん　●茨城県　●日帰り

歩行時間：3時間45分／歩行距離：約6.1km／最大標高差：約657m

標高
877m
（女体山）

guide 1

石の階段の急な登りを克服すれば
変化に富んだ奇岩・怪石と出合える

筑波山神社入口バス停から、宿泊施設やみやげ物店の並ぶ参道を通り、まずは❶筑波山神社に参拝していこう。ここからは、御幸ヶ原コースと、白雲橋コースがあるが、今回は変化に富んだ後者を行く。

東山地区の道沿いにある小さな鳥居が入口。初め山道は整備されているが、徐々に石の階段や木の根がゴツゴツとした道を登って行く。急登をいくどか繰り返すと、やがて、小石が積まれた白蛇弁天。このあたりは、

植物や野鳥が豊富で、巨木も多い。

しばらく石の道を登る。やがて低い木々が多くなり、空が見えてくると、ロープウェイからのおたつ石コースと合流する❷弁慶茶屋跡。ベンチもあり休憩にはちょうどいい。

弁慶の七戻りの巨岩をくぐると、次々と奇岩が現れる。高天原、母の胎内くぐり、陰陽石、国割り石、出船入船、裏面大黒、北斗岩、屏風岩、大仏岩と続き、ロープウェイの女体山駅からの道と合流する。

1.白雲橋コースの石の階段を行く　2.弁慶茶屋跡から女体山の間にある奇岩のひとつ、母の胎内くぐり　3.大きな岩でゴツゴツした女体山山頂。360度のパノラマが楽しめる　4.男体山頂上の御本殿　5.スタートの筑波山神社。筑波男大神（いざなぎのみこと）、筑波女大神（いざなみのみこと）の二神を主神とする

guide 2

360度展望の女体山から
ゆるやかなスロープを経て男体山へ

女体山御本殿の脇を登れば、**❸女体山**山頂に到着。大きな岩が重なった頂上からは360度の展望が開ける。岩に座ってゆっくり休もう。

女体山からはゆるやかな下りとなる。ガマ石、せきれい茶屋のあるセキレイ石を過ぎ、15分ほどで、筑波山ケーブルカーの筑波山頂駅のある**❹御幸ヶ原**に到着する。山頂駅にはコマ展望台、レストラン、売店などがある。また、カタクリの里があり4月には花まつりが開催される。

ここから**❺男体山**への往復となる。急な石段を上ること15分ほどで男体山山頂。山頂には神社の御本殿と、お守りなどが買える社務所がある。眺めを堪能しよう。

❹御幸ヶ原に戻り、下山は筑波山ケーブルカー沿いに下りていく御幸ヶ原コース。樹齢数百年の巨木や男女川の源流と出合える。途中の**❻中ノ茶屋跡**で休憩したら、ケーブルカー宮脇駅を経て、**❶筑波山神社**に戻る。

course map

course guide

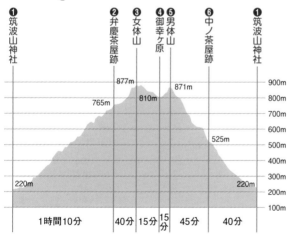

❶筑波山神社 **❷**弁慶茶屋跡 **❸**女体山 **❹**御幸ヶ原 **❺**男体山 **❻**中ノ茶屋跡 **❶**筑波山神社

877m
810m
871m
765m
525m
220m
220m

900m
800m
700m
600m
500m
400m
300m
200m
100m

1時間10分　40分　15分　15分　45分　40分

奇岩・怪石、植物も魅力
360度の眺望が楽しめる

　日本百名山で最も標高の低い筑波山は、独立峰のため360度の眺望が楽しめる。ケーブルカーやロープウェイもあり、いろいろなルートで登山が可能。コース内にある15もの奇岩・怪石スポットも魅力。また、カタクリ、エイザンスミレ、ホシザキユキノシタなど植物も豊富だ。立ち寄り温泉もホテル、旅館など1,000円程度で入浴できる。

course information

トイレ／市営駐車場、女体山駅、筑波山頂駅、御幸ヶ原、宮脇駅にある。
買い出し／つくば駅、筑波山神社周辺、国道42号にコンビニあり。
飲食店／つくば駅前、筑波山神社

周辺、ロープウェイ女体山駅、ケーブルカー筑波山頂駅にカフェ、食堂があるほか、山頂駅にも数軒の茶屋がある。
おみやげ／駅前、筑波山神社周辺、筑波山頂駅の茶屋などで購入できる。

気楽に行けるコース

女体山山頂から望む男体山。頂上上下にこれから向かう御幸ヶ原が見える

一泊二日のコース

立ち寄り温泉

筑波山温泉 つくば湯

　筑波山を背景に、露天風呂（写真）やサウナなど9種類の風呂が楽しめ、山歩きに疲れた体をほぐしてくれる。泉質はアルカリ性単純泉。時間貸しの家族風呂もあり。入浴料1,100円（土日祝1,300円）。営11時～19時。休年中無休。
☎029-866-2983

旬の見どころ

春に咲く貴婦人の花 カタクリ

　筑波山の春を告げる花、カタクリは4月中旬～下旬に見ごろを迎える。春の光を浴びて、短期間で葉をのばし、紫色の花びらを広げる。花が上を向いて広がるその姿は、まるで貴婦人のように清楚で艶やかだ。御幸ヶ原にはカタクリの里があり、4月に花まつりも行われる。

---

access&tel

行き：TX秋葉原駅からつくばエクスプレスに乗り、終点のつくば駅へ。ここから筑波山シャトルバスで筑波山神社まで約40分。このシャトルバスは、約30分おきに運行している。

帰り：往路を戻る。

クルマ：常磐自動車道・土浦北ICから国道125号を経由、筑波参道口を右折、県道42号を経て、筑波山神社まで約40分。市営駐車場がある。

問い合わせ先

筑波山観光案内所 ☎029-866-1616
関東鉄道つくば北営業所（バス）
☎029-866-0510
筑波観光鉄道（ケーブルカー&ロープウェイ）☎029-866-0611

hodosan

ロウバイ、梅、桜と春のお花見ハイキング

宝登山

●ほどさん　●埼玉県　●日帰り

標高
497m

歩行時間：2時間30分／歩行距離：約6.5km／最大標高差：約353m

guide 1 宝登山神社を参拝し
林道歩きで奥宮へ

　年間参拝者は百万人を超え、1,900年もの歴史がある宝登山神社。長瀞駅(ながとろ)から続く参道には桜並木が、奥宮のある山頂にはロウバイ園と梅園が整備されている。春には樹木の花が咲き誇り、家族連れでも安心して歩ける人気コースになっている。

　秩父鉄道の❶長瀞駅を出ると、駅前をまっすぐに進む広々とした通りが宝登山神社への参道。信号を渡って最初の大鳥居を過ぎると、参道の両脇に飲食店が並んでいる。

　左手にロープウェイ乗り場駐車場に進む道を見送り、突き当たりの階段を上がると❷宝登山神社。権現造りの御社殿を参拝し、彫刻が施された欄間を鑑賞してから進もう。

　階段を下りて、さらに奥に続く林道が登山道。すぐに道は砂利混じりとなり、歩きやすいゆるやかな登り道になる。ジグザグに折り返しながら上っていくと、大きく道が左手に曲がる。右手には宝登山小動物公園があるが、道なりに左の道を進む。

1.信号の先にある大鳥居を越える　2.奥宮には売店もある　3.歩きやすい林道をゆっくりと進む　4.山頂からは武甲山が大きく見える　5.宝登山神社社殿の欄間には見事な彫刻が

guide 2
山頂からの展望を満喫し
早春の花見を楽しむ

　ほどなくして右手に奥宮への階段が現れる。階段を上がった鳥居の奥に❸奥宮が鎮座している。奥宮から山の中を5分ほど歩くと標高497メートルの❹宝登山山頂だ。山頂は樹林に囲まれているが、ロウバイ園まで少し下がると山の南西側が開ける。武甲山や両神山などの秩父の山並みが広がり、眺望は素晴らしい。早春にはロウバイと梅が咲き誇り、風景を一段と美しいものに引き立ててくれるだろう。ロウバイの見ごろは

　1月から2月、シーズン中は2,000本のロウバイを目当てにハイカーと観光客が訪れる。
　ロウバイ園の南側を下ったところが梅百花園。さらに下にあるロープウェイ❺山頂駅まで下り宝登山小動物公園方面へ進むと、歩いてきた林道に戻れる。あとは往路を戻るのみだが、天候が悪化したり時間を短縮したい場合にはロープウェイで下山してもいい。ロープウェイ山麓駅を経由して、参道を❶長瀞駅へと戻る。

course map

course guide

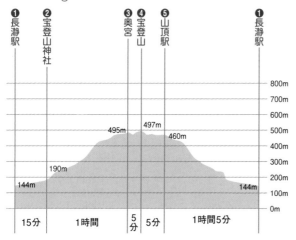

いち早く花を楽しめる
ファミリー向けハイキング

　春が待ちきれないハイカーにおすすめの宝登山。秩父の観光地としても人気のある長瀞駅からアプローチできる周回ルートは、登山初心者や家族連れでも気軽に楽しめる。山頂ではロウバイと梅が咲き誇り、ひと足先に春を感じることができる。冬枯れのハイキングは空気が澄んで眺望も抜群。下山後の温泉も楽しみだ。

course information

トイレ／長瀞駅、表参道の途中、ロープウェイ乗り場にそれぞれある。山頂には簡易トイレがある。
買い出し／駅前にみやげ物店があるが、コンビニはない。山頂近くの奥宮に休憩スペースがあり甘酒

やみやげ物を販売している。
飲食店／駅前、参道の途中、ロープウェイ山麓駅にレストランやカフェ、食堂などがある。
おみやげ／駅前、ロープウェイ乗り場、奥宮で購入できる。

甘い香りが漂うロウバイ園

立ち寄り温泉

秩父温泉
満願の湯

　奥長瀞渓谷に湧く天然温泉。神経痛や関節炎に効用のあるアルカリ性の湯で、全国でも有数の高いアルカリ性が特徴。露天風呂からは渓谷と満願滝を望める。入浴料は平日850円、土日祝1,000円。営10時〜21時。休年中無休。秩父鉄道・皆野駅からタクシーで約15分。
☎0494-62-3026

旬の見どころ

薄黄色の花びらが特徴
早春に咲くロウバイ

　1月から2月にかけて黄色い花をつけるロウバイ。約1万平方メートルの敷地の宝登山ロウバイ園には、素心ロウバイ、和ロウバイ、満月ロウバイの3種類が花開く。暦の上では早春だが、ロウバイの季節はまだまだ気温が低い。防寒対策を忘れずに鑑賞したい。

access&tel

行き：JR高崎線熊谷駅、JR八高線寄居駅から秩父鉄道長瀞駅へ。または西武線西武秩父駅下車、御花畑駅から長瀞駅へ。ロープウェイを利用すれば山頂まで5分。
帰り：往路を戻る。

クルマ：関越自動車道・花園ICより国道140号経由約19km（約40分）でロープウェイ宝登山麓駅へ。ロープウェイ乗り場前に駐車場あり。

問い合わせ先

長瀞町役場 ☎0494-66-3111
長瀞町観光協会 ☎0494-66-3311
宝登山ロープウェイ
☎0494-66-0258
秩父鉄道 ☎048-523-3313

陣馬山のシンボル「白馬像」が立つ山頂で、眺めを満喫

茶屋もある広々とした山頂は360度大パノラマ

陣馬山

jinbasan

●じんばさん ●東京都・神奈川県 ●日帰り

標高
855m

歩行時間：2時間50分／歩行距離：約6.9km／最大標高差：約655m

guide
1

急な登りでひと汗かいたら
山頂で白馬と大展望がお出迎え

❶陣馬高原下のバス停から車道を行くと、すぐに道が2つに分かれる。左は陣馬高原キャンプ場から底沢峠へ向かう道なので、ここは右の和田峠へと向かう陣馬街道を進んでいこう。

約20分ほどで左手に、❷新ハイキングコース入口が現れる。そこから山道に入って少し沢沿いに歩くと、杉林の中の急坂にさしかかる。がんばって登っていくと、やがて展望のきく尾根に出る。

ここからは道標に注意。景信山方面との分岐では右へ、和田峠との分岐では左へと進む。作業車も通る広い道を行くと、巨大な白馬像が迎えてくれる❸陣馬山に到着。

山頂はまさに360度の大展望。南は丹沢山塊から富士山、西には南アルプスから大菩薩嶺。北には日光連山や筑波山までの眺望が開ける。ランチタイムには山頂の富士見茶屋、清水茶屋、信玄茶屋で、名物のそばやけんちん汁を味わうのがおすすめ。

1.新ハイキングコースの沢沿いを歩くと爽快な気分に
2.山頂直下の信玄茶屋。奥にそびえるのは大岳山（おおだけさん）　3.夏の終わりにに白い花を咲かせるシモバシラ。冬の氷点下の日には、茎から氷の花「霜柱」が咲く　4.下山後にたどり着く陣馬山登山口の石標
5.新ハイキングコース入口にある道標

guide 2　栃谷尾根からのどかな里山へ
最後は〝陣馬の湯〟で疲れを癒す

　山頂からの下りはいろいろなルートがあるが、ここでは栃谷尾根を下っていこう。山頂部は道が交差して下り口がわかりにくいので、茶屋にある山頂部の案内図を参考にすると便利だ。

　山頂からは「栃谷尾根コース」「栃谷」と書かれた道標にしたがって尾根を下る。途中、〝温泉や割烹へ近道〟という表示には注意。陣馬の湯へ早く着くというその道は、急勾配の下りがつづき初心者には危険。ここは

そのまま尾根を下りていこう。

　やがて樹林が途切れ、日なたぼっこする猿と出合うこともある里山へ。栃谷集落の街道で藤野駅へ行く右の道と分け、左へ10分ほど行くと❹陣馬の湯に到着。点在する温泉宿で日帰り入浴を楽しめる。

　入浴後は来た道を戻り、藤野駅方面へ。約20分で❺陣馬登山口に出る。ここからJR藤野駅までバスが出ているが、約30〜40分かけて駅までのんびり歩く人もいる。

21

course map

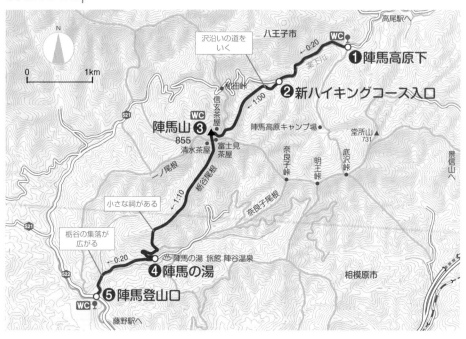

course guide

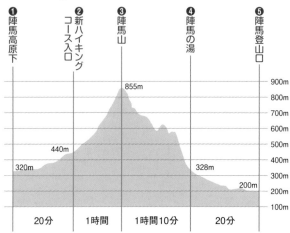

❶陣馬高原下
❷新ハイキングコース入口
❸陣馬山
❹陣馬の湯
❺陣馬登山口

855m

440m
320m
328m
200m

900m
800m
700m
600m
500m
400m
300m
200m
100m

20分　1時間　1時間10分　20分

眺望や茶屋を楽しみ
プラス温泉の人気コース

　東京都と神奈川県の境、奥高尾エリアにある陣馬山へは四方から登山コースがのびている。高尾山から景信山を経てくるロングコースも人気だが、このコースはなんといっても「陣馬高原下バス停から手軽に登れ、陣馬の湯で山歩きの汗も流せる」とハイカーたちに好評。茶屋では、おいしい甘味も味わえるなど魅力もいっぱい。

course information

トイレ／陣馬高原下のバス停前、山頂、陣馬登山口にある。
買い出し／陣馬高原下に商店があるが、高尾山駅でバスに乗る前に買っておくと安心。
飲料水／陣馬高原下のバス停前の

公衆トイレにある。
飲食店／山頂直下に「富士見茶屋」「清水茶屋」「信玄茶屋」の3軒。
季節／年間通じて登れる。冬期は雪に覆われることもあり、軽アイゼン※が必要な場合も。

※アイゼン＝登山靴にストラップで装着して、氷や雪の上を歩くために用いられる。「軽アイゼン」は爪の少ないもの。

気楽に行けるコース

一泊二日のコース

陣馬山の西の展望。右手遠くに三頭山や雲取山の山影が見える

立ち寄り温泉

陣馬の湯
旅館 陣谷温泉

　陣馬山の南麓に湧く鉱泉「陣場の湯」にある3軒の宿のうちのひとつ。自慢は渓谷を見下ろしながらドボンとつかる、開放感いっぱいのヒノキ風呂。日帰り入浴もOKなので、汗を流していこう。入浴料1,000円。営11時〜17時。休不定休。
☎042-687-2363

旬の見どころ

初秋に咲くセンブリは
最も苦いといわれる生薬

　初秋の10月、「センブリが咲いたかな」と楽しみにして陣馬山へ出かけるファンも多い。日当たりのいい草地で、白に紫の線が入った可愛い花を咲かせている。「千回振り出してもまだ苦い」ということからこの名がついた。胃腸にきく生薬（ハーブ）としてもおなじみ。

access&tel

行き：新宿駅からJR中央線の中央特快（約45分）、または京王線の準特急・急行（約50分）で高尾駅へ。高尾駅北口から西東京バス陣馬高原下行き（約40分）終点下車。
帰り：陣馬登山口バス停から神奈交バス藤野駅行き（約7分）終点下車。JR中央線の藤野駅へ徒歩（約30分）でも行ける。

クルマ：中央自動車道・八王子ICより国道16号、20号を経て、追分交差点より陣馬街道経由（約15km）で陣馬高原下へ。小さな駐車場がある。陣馬山への往復となる。

問い合わせ先

八王子市観光課 ☎042-620-7378
藤野観光協会 ☎042-684-9503
西東京バス ☎042-650-6660
神奈川中央交通西バス
☎042-784-0661

御岳山北方にある大塚山へ向う登山道から見た御嶽神社

人気の御岳山から展望の日ノ出山へ

御岳山

●みたけさん　●東京都　●日帰り

標高
929m

mitakesan

歩行時間：2時間40分／歩行距離：約6.0km／最大標高差：約572m

guide
1

山上集落から武蔵御嶽神社へ
展望の日ノ出山を目指す

　ケーブルカー❶御岳山駅を下りると、ベンチのある展望広場になっている。御岳山へは左の舗装された参道を進む。古くから山岳信仰の霊山として発展してきた御岳山には、江戸時代から続く御師（おし）の家が建ち並ぶ集落があり、独特な雰囲気が漂う。

　いまは宿坊となっている家々の間を抜け、❷神代ケヤキの脇の急な坂を上がっていく。みやげ物や食堂が並ぶ参道を抜けると左手に大鳥居がある。❸御嶽神社（みたけ）へは目の前の石段をさらに上がっていく。御岳山の山頂に建つ御嶽神社を参拝したら、神代ケヤキのある坂道手前まで戻る。日ノ出山へは案内板にしたがって右折する。

　数軒の宿坊を通り過ぎると、舗装された道は次第に山道となっていく。登山道をゆるやかに登りながら進み、急な登りを上がりきると山頂に通じる尾根に出る。左に東雲山荘（しの／のめ）があるが、右へ進む。突然視界が開け、細長い❹日ノ出山山頂の西側に出る。

1.参道の途中にある神代ケヤキ　2.武蔵御嶽神社の参道入口。広々として歩きやすい　3.あずま屋で休憩する登山者　4.日ノ出山の山名標識　5.つるつる温泉への大きな道しるべ

guide 2

山頂で展望ランチを楽しみ
下山は美肌の温泉へ

　東側が大きく開けている日ノ出山。展望を楽しめる位置にあずまやとベンチがあり、お弁当を広げてのんびりするのに格好の山頂だ。ここで大休止をとって、展望ランチとしたい。

　日ノ出山から先は三室山を経由して吉野梅郷へ下る道と、つるつる温泉、養沢鍾乳洞方面へ下る道がある。ここではつるつる温泉への道を下る。道標にしたがって、山頂から南側の道を下る。この道はさらに

つるつる温泉、上養沢、金比羅尾根と分岐していくので、「つるつる温泉」と書かれた案内板に気をつけながら下っていこう。御岳山方面への巻き道を過ぎると、上養沢との分岐になる。ここは左に進み、尾根をゆるやかに下っていく。つづら折りの道を下りきったところが❺滝本だ。

　車道をのんびり30分ほど歩くと、バス通りに出る。この通りを右に行けば松尾バス停、左に行けばゴールの❻つるつる温泉に着く。

25

course map

course guide

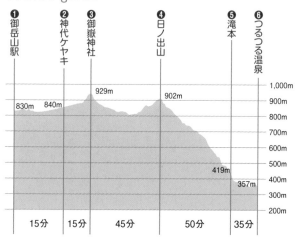

①御岳山駅	②神代ケヤキ	③御嶽神社	④日ノ出山	⑤滝本	⑥つるつる温泉
		929m	902m		
830m	840m				
				419m	357m
15分	15分	45分	50分	35分	

1,000m
900m
800m
700m
600m
500m
400m
300m
200m

ケーブルカー登山が魅力 御岳山から日ノ出山へ

　都心に近く、年間を通じて登山者でにぎわう御岳山。ケーブルカーを利用すれば手軽に山頂まで行ける。ケーブルカーの往復では物足りなくなったら、このコースのように御岳山から日ノ出山を目指そう。関東平野を見渡しながらの展望ランチを満喫し、つるつる温泉に下山するコースだ。

course information

トイレ／滝本駅、御岳山駅、御岳山、日ノ出山にある。
買い出し／JR御嶽駅近くにコンビニ、スーパーなどはないので、事前に準備したい。
飲食店／御岳渓谷の途中に食堂がある。
おみやげ／滝本駅、御岳山駅、御嶽山神社参道前、つるつる温泉で購入できる。
季節／ケーブルカーは通年営業。冬は積雪がある場合もある。

見晴らしのいいロノ出山で展望ランチ。見える山を展望盤で確認するのも楽しい

立ち寄り温泉

**生涯青春の湯
ひので三ッ沢 つるつる温泉**

アルカリ性単純温泉で神経痛や筋肉痛に効能がある。つるつるでなめらかな泉質は「美肌の湯」とも称されている。大浴場、露天風呂のほか大広間、食堂どもあり。入浴料860円(3時間)。⏰10時～20時。㊡毎月第三火曜。☎042-597-1126

旬の見どころ

**真夏に咲く可憐な花
レンゲショウマの群生**

御岳山の富士峰公園周辺の山腹と御嶽神社奥に、夏の間、可憐なレンゲショウマが咲き誇る。例年7月下旬から9月上旬が見ごろで、御岳山では「レンゲショウマまつり」が開催されている。うす紫の花は下を向いて垂れ下がり、まるで妖精のよう。

access&tel

行き：JR青梅線御嶽駅より西東京バス(約10分)でケーブル下バス停、徒歩3分で滝本駅へ。ケーブルカー(約6分)を利用して御岳山駅へ。
帰り：つるつる温泉バス停から西東京バス(約20分)でJR五日市線武蔵五日市駅へ。

クルマ：中央自動車道・八王子ICより国道411号経由(約30km)で滝本駅へ。滝本駅周辺に約230台分の駐車場あり。「レンゲショウマまつり」開催中はすぐに駐車場が満車になる。

問い合わせ先

青梅市観光協会 ☎0428-24-2481
御岳ビジターセンター
☎0428-78-9363
西東京バス氷川車庫
☎0428-83-2126
御岳登山鉄道 ☎0428-78-8121

花咲く湿原をゆったりめぐり野鳥たちと出合う

戦場ヶ原

senjougahara

●せんじょうがはら　●栃木県　●日帰り

標高
1,410m

歩行時間：2時間45分／歩行距離：約9.5km／最大標高差：約80m

guide
1

ミズナラの明るい森を抜け
貴婦人の木を眺める展望台へ

❶**赤沼**のバス停で下車、または駐車場に車を止めたら、赤沼茶屋の向かいのトイレ脇から、小さな流れに沿って遊歩道に入っていこう。5分ほどで❷**赤沼分岐**に到着。

右の戦場ヶ原自然研究路は帰りに通ることにして左へ進む。ミズナラの森が広がり、春は新緑、秋は黄葉が美しい。湯川を渡って進むと、途中、右へ入ったところに戦場ヶ原展望台があるので寄ってみよう。

コースに戻って進むとカラマツ林になり、

じきに鹿よけのフェンスに囲まれた❸**小田代原**（おだしろがはら）の東側に着く。回転式の扉をくぐって入り、小田代原は時計回りに進んでいこう。フェンスを出て車道を右へたどると、低公害ハイブリッドバスの停留所がある。

その停留所の前にある、小田代原展望台からの眺めが最高。湿原に「貴婦人」と呼ばれる一本のシラカンバが立ち、背後には三岳（みつだけ）や太郎山が望める。草紅葉に染まる秋の小田代原はなんとも美しい。

1.ほぼ平坦で快適な湿原の木道。戦場ヶ原を南北に貫くように整備されている　2.6月中旬になると野生のアヤメが鮮やかな青紫の花を咲かせる　3.小田代原が染まる草紅葉のピークは例年10月中旬　4.リンゴのような花が満開のズミの木　5.戦場ヶ原から見た男体山

guide 2　平らな湿原の木道をたどり　草花や動物たちとランデブー

　眺めを楽しんだら、車道から再びフェンスの内側へ。湿原沿いの木道をたどると、再びカラマツ林へと入る。小田代原の北側からは、今度は湯滝方面へ向かおう。

　ミズナラが枝を広げた気持ちのいい道を進むと、やがて**泉門池**への分岐。左に少し行くと、枯れ木や倒木で神秘的な雰囲気を漂わせている**❹泉門池**に着く。澄み渡った水面ではマガモが優雅に遊んでいる。

　ここから分岐まで戻り、自然研究路を赤沼方面へ進むが、ここからが戦場ヶ原の醍醐味。初夏なら木道沿いに愛らしいワタスゲやズミ、レンゲツツジが咲き、ときには湿原を悠然と歩くニホンジカを見ることも。さらに、湿原名物の谷地坊主（スゲの株の丸いかたまり）もおもしろい。

　再び**❷赤沼分岐**に戻ったら、右の道へ。湯川沿いにしゃくなげ橋を越えていく遊歩道は、秋は紅葉が素晴らしい。約30分で、観光客でにぎわう**❺竜頭ノ滝**に到着。

course map

テーブルとベンチで休憩できる

泉門池 ❹

戦場ヶ原

日光湯元へ

青木橋

三本松

小田代原展望台
WC

戦場ヶ原展望台

赤沼分岐 ❷

日光市

❸ 小田代原
1410

シラカバ林

高山登山口

湯川

❷ 赤沼分岐

❶ 赤沼
P WC 赤沼茶屋

車道を歩く

中禅寺湖・小田代原分岐

高山
▲1668

しゃくなげ橋

滝上

龍頭之茶屋

❺ 竜頭ノ滝

竜頭ノ滝

▲1488

中禅寺湖

日光市街へ

course guide

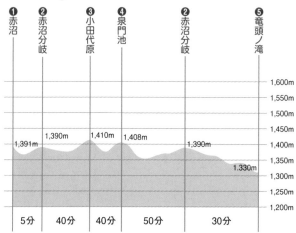

❶ 赤沼
❷ 赤沼分岐
❸ 小田代原
❹ 泉門池
❷ 赤沼分岐
❺ 竜頭ノ滝

1,391m　1,390m　1,410m　1,408m　　1,390m

1,330m

1,600m
1,550m
1,500m
1,450m
1,400m
1,350m
1,300m
1,250m
1,200m

5分　40分　40分　50分　30分

湿原のハイキングコース 静寂の厳冬期も人気

　戦場ヶ原は、奥日光の標高1,400mの高地に広がる約400ヘクタールの湿原。北は日光湯元温泉、南は中禅寺湖という人気の観光地にはさまれている。平坦で歩きやすいハイキングコースなので、初夏〜紅葉の季節には山歩きツアー客で込み合うことも。冬期は逆に静かな白い湿原となり、スノーシュー※やクロスカントリースキーを楽しめる。

course information

トイレ／赤沼茶屋前にある。小田代原展望台にもあるが冬期閉鎖。
買い出し／東武日光駅周辺でバス乗車前に買っておくと安心。
飲料水／赤沼茶屋前トイレにある。
飲食店／赤沼の「赤沼茶屋」、竜頭ノ滝の「龍頭之茶屋」で食事できる。
季節／年間通じて歩ける。冬期は赤沼バス停のひとつ先にある、三本松バス停の「三本松茶屋」でスノーシュー※やクロスカントリースキーをレンタルできる。

※スノーシュー＝靴に取りつけ、雪の上を歩くための道具。西洋版「かんじき」(ワカン)。

気楽に行けるコース

一泊二日のコース

「貴婦人」と呼ばれる小田代原の1本のシラカンバ。朝もや、夕陽、白銀など周囲の状況でいろいろな姿を見せる

立ち寄りグルメ

絶景ポイントにある
龍頭之茶屋

　滝上バス停から竜頭ノ滝上の清らかな水流を眺めながら下ることと約10分で、龍頭之茶屋に出る。お土産処と竜頭ノ滝を前面に眺めながら食事ができる茶屋があり、名物はお雑煮とひぐらし餅という名の生菓子。☎9時～17時（冬季は9時30分～16時）。㊡不定休。☎0288-55-0157

旬の見どころ

色づいてくる湿原の花々
6月は一気にカラフルに

　春のヤマツツジが終わり、レンゲツツジが咲き出す6月中旬ごろ、湿原では綿毛（種子）が可愛いワタスゲや、落葉小低木にリンゴのような白い花を咲かせるズミが満開に。小さく可憐なの花をつけるハクサンフウロなど、高山植物も開花するのでカラフルな雰囲気に。

ハクサンフウロ

access&tel

行き：浅草駅から東武日光線の特急（約105分）で、東武日光駅へ。駅前で東武バス湯元温泉行き（約65分）で、赤沼バス停下車。

帰り：竜頭ノ滝バス停から東武バス日光駅行き（約60分）終点下車。

クルマ：東北自動車道・宇都宮ICより日光宇都宮道路に入り、清滝ICから国道120号経由で赤沼へ。大きな無料駐車場があるが、満車時は先の三本松にも無料駐車場がある。冬期は閉鎖もあるので注意。

問い合わせ先

日光市観光協会 ☎0288-54-2496
東武鉄道お客さまセンター
☎03-5962-0102
東武バス日光営業所
☎0288-54-1138

金太郎伝説の道をたどり、富士山の絶景を望む

kintokiyama

金時山

●きんときやま　●神奈川県・静岡県　●日帰り

標高
1,213m

歩行時間：3時間30分／歩行距離：約6.4km／最大標高差：約523m

guide
1

公時神社に参拝。
金太郎の伝説ポイントを通って稜線へ

金時山への箱根仙石原側からの登山口はいくつかあるが、ここではポピュラーな❶金時神社入口からのコースを紹介しよう。

なお、スタート近くの金時神社入口バス停に止まるバスは少ない。本数の多い仙石バス停で降りた場合は、国道138号を20分ほど歩いてスタート地点の❶へ。

まず、公時神社の駐車場を抜けて本殿へ。ここは「マサカリかついだ金太郎」のモデルといわれる平安時代の武将、坂田公時を

祀った神社で、境内には相撲の土俵がある。ヒノキに囲まれた登山道に入り、金太郎が蹴落としたと伝わる金時手鞠石を過ぎ、林道を横切ると奥ノ院入口。右に少し入るとマサカリが安置されている小さな祠が。

道に戻って進むと、パックリ2つに割れた金時宿り石がある。金太郎が母親の山姥と暮らしていたといわれる巨岩だ。その脇から急登していくと後方に仙石原が見渡せるようになり、やがて❷稜線に出る。

気楽に行けるコース

1.仙石原の向うに芦ノ湖が輝く　2.山頂の金時娘の茶屋（金時茶屋）。三代目女将はこの山に昭和天皇が登った際、「あなたが金時娘ですか」と聞かれ話題になったという　3.乙女峠と富士山　4.岩が2つに割れた金時宿り石　5.登山口の公時神社

guide 2

富士山ビュー&昼食を楽しみ 下山後は箱根の温泉へ

　稜線に出たら、右の明神ヶ岳へ向かう道と分け、左へ進もう。明るく開けた道で、大涌谷や芦ノ湖も見える。滑りやすい赤土と岩が目立つ道を行き、小さな鎖場※を通過。ブナ林の急な階段を登りきると、露出した岩が荒々しい❸金時山山頂に飛び出す。

　山頂からの眺めは感動的。大きく裾を広げた霊峰富士の全身の姿がそこにある。山頂にはテーブルとベンチ、2軒の茶屋があるので山頂ランチを楽しもう。

　下山は、乙女峠方面へ尾根道を下っていこう。長尾山を通過し、さらに下ると〝富士見三峠〟のひとつ❹乙女峠。小さな展望台があり、茶屋やベンチもある。

　峠からは左へ。石がゴツゴツした道をジグザグに下っていくと、国道の乙女口に出る。乙女口バス停があるが、そこから国道を左へいけば❶金時神社入口に戻る。下山後は、すぐ近くの乙女山荘や、仙石原温泉に日帰り入浴できる旅館が数多くある。

※鎖場＝登山道や岩場で、登山者がつかまって登れるように、鎖（クサリ）を固定して張ったり、垂らしている場所

course map

course guide

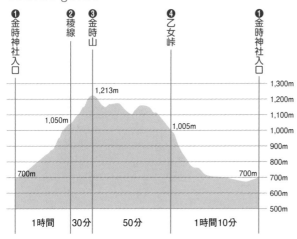

大パノラマと箱根温泉 両方楽しめる人気コース

　箱根外輪山の最高峰で、富士山や南アルプスも望める抜群のロケーション。足柄峠からのコースもあるが、箱根仙石原からのこのコースは、金太郎伝説ゆかりの神社や巨岩を訪れる楽しみがある。岩がゴロゴロして歩きにくい部分もあるが、山頂茶屋で、きのこのみそ汁や甘酒を味わい、帰りは箱根の温泉で汗を流せることで人気。

course information

トイレ／金時神社入口の駐車場の奥、金時山山頂（有料）、乙女茶屋横（有料）。
買い出し／仙石バス停付近にコンビニがあるが、金時神社入ロバス停にはない。事前に準備を。

飲食店／山頂に「金時娘の茶屋（元祖金時茶屋）」「金太郎茶屋」。乙女峠に「乙女茶屋」、乙女ロバス停前に「ふじみ茶屋」。
季節／年間通じて登れる。冬期に凍結があれば軽アイゼンが必要。

山頂から富士山と御殿場市街を望む。金時山が〝天下の秀峰〟というのも納得

立ち寄りグルメ

山頂でひと休み。
金太郎茶屋と金時茶屋

金時山の山頂には茶屋が2軒ある。山頂でのんびりランチ休憩するのもいいだろう。「金太郎茶屋」では名物のまさカリーうどんやおでん、しめじ汁（写真）などが食べられる。☎8時〜16時。「金時茶屋」では手作りのおしるこ、団子と甘酒のセット、なめこ汁など。☎7時〜16時30分。㊡不定休。

旬の見どころ

初夏の稜線に咲き乱れる
白い十字のヤマボウシ

早春から晩秋まで、多くの花が見られる金時山。6〜7月にはヤマボウシが、白い十字の大きな花を樹木いっぱいにつける。上に向かって花をつけるので、稜線上から見下ろすと見つけやすい。「夏富士とヤマボウシ」のベストショットを撮ることも可能。秋には赤い実をつける。

access&tel

行き： 新宿駅から小田急線急行（約90分）で小田原駅へ。駅前から箱根登山バス（約40分）で仙石バス停へ。または、新宿駅西口から小田急箱根高速バス（約180分）で金時神社入口バス停下車。
帰り： 往路を戻る。

クルマ： 東名高速道・御殿場ICより、国道138号経由（約11km）で金時神社入口へ。登山口の公衆トイレ前に無料駐車場が約10台。金時神社入口バス停周辺に有料駐車場。

問い合わせ先

箱根町観光協会 ☎0460-85-5700
小田急電鉄 小田急お客様センター
☎044-299-8200
箱根登山バス 小田原営業所
☎0465-35-1271
小田急箱根高速バス ☎03-3427-3160
仙石原温泉旅館案内所
☎0460-84-9615

三頭山東峰の展望台から、大岳山や奥多摩の峰々がよく見える

モミやブナの森を周遊し、巨木や花々に癒される
三頭山
mitousan

●みとうさん　●東京都・山梨県　●日帰り

標高
1,531m

歩行時間：3時間10分／歩行距離：約5.5km／最大標高差：約537m

guide
1

急な尾根道がつづく
ブナの路で森林浴しながら中央峰へ

❶都民の森入口からゲートを抜け舗装道を行き、まずビジターセンターで案内図をもらっていこう。都民の森には「森林セラピーロード」「冒険の森コース」など数種のウォーキングコースがあり、登山コースは「三頭山周遊コース」を進む。

森林館の脇をまっすぐ進み、小屋の脇から峠へ登っていく。ジグザグに登り、モミが枝を広げる森を抜けると❷鞘口峠。奥多摩湖や御前山への分岐があり、ここから西

の尾根伝いに急な登りがスタート。

途中、分かれる山道はどちらも山頂へつづくので、ぜひ「ブナの路」を登っていこう。見晴らし小屋を過ぎてしばらくすると二股に。右へ行くと三頭山東峰。丸太を組んだ展望台から、御前山や大岳山が見渡せる。

展望を楽しんだら、一度下って丸木の階段を上り返し、❸三頭山の中央峰に到着。北には奥多摩湖、雲取山、鷹ノ巣山。南には遠く富士山も望める。

気楽に行けるコース

一泊二日のコース

1.吊り橋の滝見橋から見る三頭大滝は落差約30メートル　2.春5月には色鮮やかなヤマブキが咲き誇る　3.細い尾根や斜面にもどっしりと根を張り、大きく枝を広げるブナの巨木　4.ピンクの可憐な花をつけるツツジ　5.東峰に突き出すような展望台デッキ

guide 2　巨木から自然のパワーをもらい　吊り橋で迫力ある滝見物

　中央峰からは、槇寄山へつづく尾根伝いに南へ下っていく。すぐに鉤型に曲がったブナと出合い、独特の形状に思わず見入ってしまう。さらに、ブナの巨木が見られる道を進むと❹ムシカリ峠に着く。春にはその手前から、ムシカリの白い花がまぶしい。

　峠で槇寄山への道と分かれ、三頭大滝へ道標にしたがって下っていく。しばらくすると沢沿いの道になり、周囲にはカツラやサワグルミの巨木が。枝がタコの足のように

からまったりして不思議でおもしろい。

　途中、左への小道があるがそのまま右へ進み、さらに下ると❺三頭大滝に到着。滝見橋という吊り橋から眺める滝は迫力がある。展望用の行き止まりの橋なので、滝見物を終えたら、ヒノキチップが敷かれたゆるやかな道を下りていこう。

　東屋の脇を通り森林館に出たら、往路をたどり❶都民の森入口へ。そこからバスや車で数馬へ行き温泉に入るのがおすすめ。

course map

奥多摩湖へ

小菅村

奥多摩町

見晴らし小屋

「ブナの路」と登山道が
別れたり合流したり

鞘口峠 **2**

ジグザグに
登っていく

風張峠へ

三頭山 **3** 1531

←1:20

0:30

木材工芸センター
森林館 **WC**

奥多摩湖へ

東峰 1527
展望台

檜原都民の森

ビジター
センター
P **WC**

1 都民の森入口

三頭沢

数馬へ

0:15

0:35→

大滝休憩小屋
滝見橋

0:30

WC

ムシカリ峠 **4**

三頭山避難小屋

5 三頭大橋

長作へ

檜原村

大沢山 1482

N

上野原町

0   500m

槇寄山へ

---

course guide

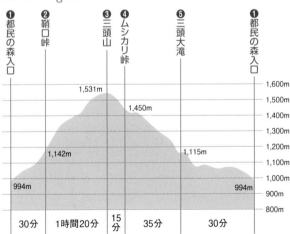

1 都民の森入口　2 鞘口峠　3 三頭山　4 ムシカリ峠　5 三頭大滝　1 都民の森入口

1,531m

1,450m

1,142m

1,115m

994m

994m

1,600m
1,500m
1,400m
1,300m
1,200m
1,100m
1,000m
900m
800m

30分　1時間20分　15分　35分　30分

整備された森林公園から 奥多摩三山の最高峰へ

御前山（ごぜんやま）、大岳山（おおだけさん）とともに奥多摩三山のひとつで、3つのピーク（東峰・中央峰・西峰）を持つ。自然体験できる東京都檜原都民の森からスタートするコースはアプローチしやすく、それでいて豊かな緑に包まれているのは、この一帯が江戸時代から〝お止め山〟として木の伐採を免れてきたため。東京都有数のブナ林や大きな滝が見どころ。

---

course information

トイレ／都民の森入口の案内所、森林館、三頭大滝前の大滝休憩小屋の奥にある。
買い出し／都民の森入口に売店があるが、武蔵五日市駅周辺でバス乗車前に買っておくと安心。

飲料水／都民の森入口の案内所、森林館にある。
飲食店／森林館に東京で一番標高が高いレストラン「とちの実」。
季節／年間通じて登れる。積雪時、凍結時は軽アイゼンが必要。

三頭大滝を正面から見ることができる滝見橋。滝の下部は見下ろすことになる

立ち寄り温泉

**檜原温泉センター
数馬の湯**

　都民の森バス停から約15分。数馬にあるアルカリ性単純温泉の温泉施設。自然豊かな山の中に建つ。大風呂や露天風呂、休憩室のほか食事処もある。入浴料880円。㉺10時〜19時（土日祝は20時まで、季節によって異なる）。㉺月曜（祝日の場合は翌日休）。☎042-598-6789

旬の見どころ

**峠の名前にもなった
ムシカリは白から赤へ変身**

　葉が虫に好まれるため「ムシカリ（虫狩り）」という名がついたスイカズラ科の落葉低木。別名「オオカメノキ」とも呼ばれ、丸く大きな葉は亀の甲羅のよう。ムシカリ峠付近でも5月に白い装飾花をつけ、秋には結実し赤い実となる。葉も紅葉するので両方の季節に見にいきたい。

access&tel

行き：新宿駅からJR中央線の青梅特快（約40分）で拝島駅、そこから乗り換え、JR五日市線（20分）で武蔵五日市駅へ。駅前から西東京バス（約60分）で数馬バス停へ。そこから連絡バス（約15分）で都民の森バス停下車。
帰り：往路を戻る。

クルマ：中央自動車道・上野原ICより、国道20号〜主要地方道33号〜檜原街道経由（約22km）で数馬。そこから檜原街道〜奥多摩周遊道路経由（約5km）で都民の森入口へ。駐車場は約100台。奥多摩湖からもアクセスできる。

問い合わせ先

檜原都民の森 管理事務所
☎042-598-6006
西東京バス 五日市営業所
☎042-596-1611

ケーブルカーを使って都民のオアシスへ

高尾山・城山

takaosan
shiroyama

●たかおさん・しろやま
●東京都
●日帰り

標高
670m
（城山）

歩行時間：2時間35分／歩行距離：約7.0km／最大標高差：約470m

guide
1

薬王院を参拝し
高尾山山頂に立つ

　年間登山者260万人を超えるという、いまや人気ナンバーワンの登山スポット高尾山。高尾山までは観光客と登山者が入り乱れ、週末の混雑は避けられない状況。しかし、奥高尾と呼ばれる城山周辺のハイキングコースに入れば、自然豊かな季節の味わいを満喫できる。

　ケーブルカーを利用して、**❶高尾山駅**へ。高尾山ケーブルカーは日本一の最急勾配31度18分を誇る。これを体験してみるのもおもしろい。

　参道を進み、たこ杉を過ぎると浄心門。女坂・男坂に分かれるがすぐに合流する。合流したら杉並木を歩き、仁王門をくぐれば**❷薬王院**の本殿だ。参拝してから急な階段を上がり、表参道コースを進もう。

　ゆるやかに上っていくと、標高599メートルの**❸高尾山**山頂に到着。広い山頂にはビジターセンターと茶屋があり、展望を楽しむ登山者でにぎわっている。

気楽に行けるコース

一泊二日のコース

1.参道の途中にある「たこ杉」 2.飯縄権現堂（いづなごんげんどう）を参拝して1号路を進む 3.城山から相模湖方面を眺める 4.標高670メートルの城山山頂 5.一丁平手前にある舞台のような展望広場

guide 2 山頂からの展望を満喫後、奥高尾エリアへ

山頂奥にある大見晴園地（おおみはらしえんち）から富士山、丹沢山塊、道志山塊（どうし）の雄大な眺めを満喫。ベンチで小休止したら城山を目指そう。ここから先は本格的な山道となる。

階段を下っていくと、すぐに道が三叉路になる。もみじ台へは真ん中の道を進み、一丁平へ急ぐ場合は右の道へ。もみじ台には茶屋があり、イロハモミジの紅葉と新緑の時期のツツジが見事。ここから先、城山までは桜並木がつづく。舞台のような展望台を過ぎたら、トイレとベンチがある❹一丁平に到着。4月の桜が特に素晴らしい。

尾根道を進んでいくと広々とした❺城山に出る。中央の茶屋を囲むように多数のベンチが置かれている。茶屋名物の天ぷらやなめこ汁も試してみたい。茶屋から小仏峠方面に少し進み、相模湖へと通じる東海自然歩道を下る。林間の道をゆるやかに下り、急な下りで富士見茶屋へ。道標にしたがい国道20号にある❻千木良バス停（ちぎら）に着く。

course map

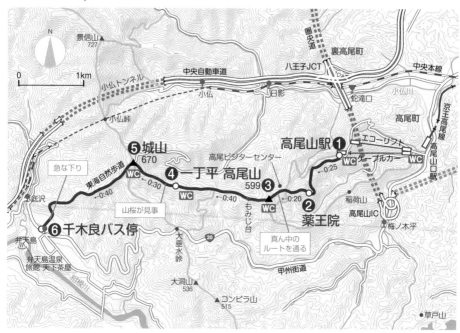

course guide

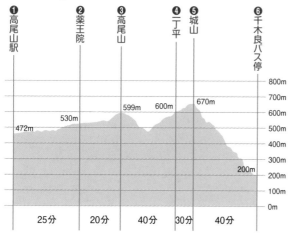

❶ 高尾山駅
❷ 薬王院
❸ 高尾山
❹ 一丁平
❺ 城山
❻ 千木良バス停

472m　530m　599m　600m　670m　200m

800m
700m
600m
500m
400m
300m
200m
100m
0m

25分　20分　40分　30分　40分

初心者でも安心して歩ける 東京都民のオアシス

　ケーブルカーを利用して気軽に高尾山まで登り、桜や草花、展望を楽しみながら城山を目指す。高尾山往復だけでは物足りないハイカー向けのコースだ。山桜が見事な一丁平、樹齢80年以上のイロハモミジが美しいもみじ台など、見どころが多いハイキングルート。下山は相模湖側へ下り、弁天島温泉に立ち寄ってみたい。

course information

トイレ／高尾山口駅、ケーブルカー乗り場、高尾山山頂、もみじ台、一丁平、城山山頂にある。
買い出し／高尾山口駅の隣りと国道20号線にコンビニあり。
おみやげ／参道沿い、ケーブルカー

乗り場周辺に多数あり。
飲食店／高尾山口駅、参道、ケーブルカー乗り場、高尾山山頂。
季節／年間通して歩けるが、1月・2月は積雪でアイゼンが必要な場合もある。

気楽に行けるコース

小仏城山から高尾山方面を眺める

立ち寄り温泉

弁天島温泉
旅館 天下茶屋

　美女谷川が相模川に注ぐ場所にある弁天島温泉。和風旅館の天下茶屋では日帰り入浴も可能。相模湖駅からは徒歩30分、千木良バス停からは徒歩5分。大浴場からは正面に嵐山、眼下には相模川を眺められる。日帰り入浴は1,000円。🕘9〜17時。
☎0426-84-2650

旬の見どころ

初冬だけに見られる
シモバシラ

　山地の斜面の水はけのよい木陰に生えるシソ科の植物。夏の終わりに白い花が咲き、初冬の枯れた茎の部分に氷の結晶ができる。高尾山周辺ではよく見かけられるので、初冬に歩く場合は木陰に注目してみたい。高尾山から一丁平につづく稜線の北側斜面などで見られる。

access&tel

行き：京王線新宿駅から特急利用（約52分）で終点の高尾山口駅へ。ケーブルカー乗り場の清滝駅へは5分くらい歩く。ケーブルカーで高尾山駅へ。所要時間約7分。

帰り：千木良バス停から神奈川中央交通バスで高尾山口駅まで約20分、または JR 中央本線相模湖駅へ徒歩30分。

クルマ：中央自動車道・八王子ICより国道16号、20号経由約9km。高尾山口駅に市営駐車場がある。

問い合わせ先

八王子市観光課 ☎042-620-7378
相模原市商業観光課
☎042-769-8236
高尾ビジターセンター
☎042-664-7872
高尾登山電鉄 ☎042-661-4151

大展望の頂から果樹公園村へ

丸山

●まるやま　●埼玉県　●日帰り

標高
960m

歩行時間：4時間55分／歩行距離：約11.0km／最大標高差：約650m

guide
1

美しい杉林を登り
ゆるやかな尾根を頂へ

❶芦ヶ久保駅のすぐ下にある道の駅果樹公園あしがくぼ内を通り抜け、国道299号線を正丸峠方面へとゆるやかに登っていく。20分ほどで左手に❷赤谷の集落が見えてくるので、道標にしたがって集落に入り、上部の人家脇から登山道に入る。

ここから大野峠までは、緩急織りまぜての杉林の道。植林でありながら、ここの杉林は美しい。赤谷からの急な登りがひと段落し、トラバース※気味のなだらかな道が

終わると、峠への最後の急登になる。たどり着いた❸大野峠は林道が横切り、正面から再び山道に入る。

峠からはこの日一番の急坂がつづくが、それもわずかでパラグライダー発着場に到着する。すぐ先の白石峠分岐を左折すれば、ゆるやかな広い尾根を歩くようになり、いったん軽く下って登り返すと右手に電波塔が現われる。❹丸山はもう目の前で、すぐに展望台が見えてくることだろう。

※トラバース＝山の斜面をほぼ水平方向に横断すること。

1.丸山頂上の展望台　2.下る途中から見た武甲山　3.県民の森分岐に立つ道標　4.山中で見かけたアサギマダラ　5.白石峠分岐にて

 guide 2 頂上からのパノラマを堪能し
果樹公園村へと下る

　展望台からは、八ヶ岳、上信越、日光をはじめ、奥秩父、奥武蔵の山々、そして間近には武甲山が大きく望める。ベンチも置かれ、昼食にちょうどいい。

　眺めを楽しんだら、往路とは反対方向、北西へと下る。急坂を登り返せば**❺県民の森分岐**で、右には森林学習展示館（トイレ・水あり）への道が分岐している。ここは左に道をとり、広葉樹の森を下っていく。

　ほどなく遊歩道を、つづいて車道を横切ると杉林のなかの広い道を下るようになり、滑りやすい急坂を注意して下れば、やがて**❻日向山分岐**だ。

　分岐を直進し、藪っぽい個所を抜けてしばらく下ると細い舗装路にぶつかる。ここが**❼登山道終点**で、右に曲がればすぐに竹の子茶屋が建つ。あとは道標にしたがって車道を行き、果樹公園村内を下る。**❶芦ヶ久保駅**はすぐなので、果樹公園村でひと休みするのもいいだろう。

course guide

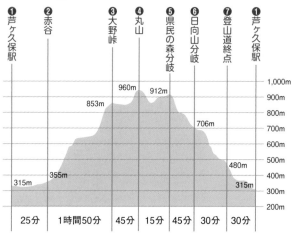

❶芦ヶ久保駅	❷赤谷	❸大野峠	❹丸山	❺県民の森分岐	❻日向山分岐	❼登山道終点	❶芦ヶ久保駅
315m	355m	853m	960m	912m	706m	480m	315m
25分	1時間50分	45分	15分	45分	30分	30分	

1,000m
900m
800m
700m
600m
500m
400m
300m
200m

奥武蔵では随一の展望を誇る

　果樹公園村があることから、休日は車の通行が多い。また頂上付近にも車道が通っているが、一歩山に入ると静かな雑木林や杉林が広がり、深山にいるかのような気分にさせてくれる。頂上からの眺めは奥武蔵でも随一で、ぜひ天気のいい日を狙いたい。コースには一部、急な登り下りがあるので、スリップには十分注意しよう。

course information

トイレ／芦ヶ久保駅、道の駅果樹公園あしがくぼ、果樹公園村、森林学習展示館にある。
買い出し／コンビニは近くになく、道の駅のみ。
飲食店／道の駅内のレストランと果樹公園村内の「あしがくぼフルーツガーデン」。
おみやげ／旬の時期なら果樹公園村の果樹類。道の駅の直販所では、朝採りの野菜やキノコ、そば、うどんなどが購入できる。

赤谷集落上部の杉林を歩く

立ち寄りスポット

道の駅
果樹公園あしがくぼ

　芦ヶ久保駅に隣接。レストラン、農産物直販所だけでなく、そば打ちや陶芸の体験教室もある人気の道の駅。山歩きの汗を流せるシャワールーム（10分200円／10時〜16時）があるのもありがたい。㋢直販所9時〜、レストラン11時〜。㋡年末年始。
☎0494-21-0299

旬の見どころ

頂上周辺に咲く
アジサイ

　丸山の頂上周辺は7月中旬、アジサイ（写真）の花に彩られる。雨の日の鮮やかさは格別で、そこにだけ光がさしたかのよう。また、丸山の北側に広がる県民の森では、ホタルブクロ（6月）、ヤマユリ（7月下旬）、レンゲショウマ（8月下旬）なども目を楽しませる。

access&tel

行き：池袋駅から西武池袋線、飯能乗り換えで、芦ヶ久保駅（約90分）下車。GWと夏休み期間の平日・土日だけだが、下りの午前2本と上りの午後2本、特急レッドアロー号が芦ヶ久保駅に停車する。
帰り：往路を戻る。

クルマ：圏央道・圏央鶴ヶ島ICから国道407号、県道15号、国道299号を経由して芦ヶ久保駅まで約45km。芦ヶ久保駅に隣接する道の駅「果樹公園あしがくぼ」の第2駐車場が登山者用となっていて、無料で駐車することができる。

問い合わせ先

横瀬町観光協会 ☎0494-25-0114
道の駅果樹公園あしがくぼ
☎0494-21-0299

47

相模湾を眺める陽だまりハイキング

幕山・南郷山

makuyama
nangousan

●まくやま・なんごうさん
●神奈川県　●日帰り

標高
625m
（幕山）

歩行時間：3時間5分／歩行距離：約6.5km／最大標高差：約545m

guide 1

頼朝ゆかりの地
湯河原から南郷山へ

　温暖な気候の湯河原は、海と山と温泉の街。山の斜面にはみかん畑が広がり、源頼朝ゆかりの地として多くの伝説が残る。相模湾を眺める展望と四季折々の花、温泉と楽しみが揃ったエリアである。

　湯河原駅からバスに乗り、❶鍛冶屋バス停で下車。五郎神社横の坂道を上がっていく。案内板にしたがって住宅地を右折、細いコンクリートの道を進む。しばらく急坂が続くので、ここは焦らずゆっくり進もう。次

第にみかん畑が多くなり、時期によっては無人の売店でみかんを買うこともできる。

　バス停から30分ほどで❷湯河原ゴルフ場の横に出る。ここから林道に出るまではゴルフ場の外側に沿って歩くことになる。両側に竹が生い茂るせまい道がつづき少々不安になるが、40分ほど歩くと林道に出る。林道を右へ進み、200メートルほどで左に登山口がある。階段を上がり、急登を過ぎると❸南郷山の丸い山頂に着く。

1.こぢんまりした南郷山の山頂　2.岩場のある幕山。麓は梅の公園になっている　3.岩場には練習中のクライマーが　4.幕山公園に咲いていたスイセン　5.シーズンには無人の売店でみかんを買うこともできる

guide 2 自鑑水を経て幕山へ 梅が咲く公園に下る

　山頂からは登りと反対側の道に進む。距離は短いが、かなり急な下りだ。一歩一歩慎重に下ると再び林道に出る。林道を右へ進み、道標に従って自鑑水入口から山に入る。杉林を歩くと窪地に池がある。これが**❹自鑑水**で、かつて石橋山の合戦に敗れた頼朝がこの池の水を飲み、自害しようと決意したとの言い伝えが残る。

　自鑑水から下っていくと、再び林道に出る。次は林道の対岸にある幕山を目指そう。南郷山よりも歩道が整備されて歩きやすい。桜やモミジが植えられており、季節ごとに目を楽しませてくれる。階段状の斜面を上がっていくと、**❺幕山**山頂だ。

　相模湾や真鶴半島を眼下に見ながら休憩したら、気持ちのよい山頂を後にする。海側の急な下りを進み、公園に向かってどんどん下っていく。クライマーを横に見ながら岩場の下まで来ると、梅林の**❻幕山公園**だ。バス停は公園の少し下にある。

course map

急な下りに注意

❹ 自鑑水
← 0:20
❸ 南郷山
611

← 0:30

幕山 ❺ ▲
626

← 0:45

← 1:00

湯河原カンツリー
倶楽部

公園として
整備されている

ゴルフ場の
脇を歩く

❷ 湯河原ゴルフ場
総合運動場

美化センター

小田原駅へ

❷ 湯河原ゴルフ場

湯河原町

P ❻ 幕山公園
WC

← 0:30

新崎川

鍛冶屋バス停 ❶
五郎神社
WC

湯河原

湯河原へ

N
0   500m

course guide

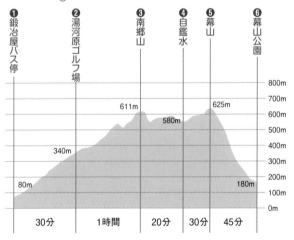

❶ 鍛冶屋バス停
❷ 湯河原ゴルフ場
❸ 南郷山
❹ 自鑑水
❺ 幕山
❻ 幕山公園

800m
700m
611m   625m
600m
580m
500m
400m
340m
300m
200m
80m   180m
100m
0m

30分   1時間   20分   30分   45分

源頼朝ゆかりの地で
展望と花見ハイク

　クライマーの岩登りの練習場
として有名な幕岩。垂直の岩壁
を持つ山は、山頂からの展望は
抜群。また岩場下の斜面は梅が
植栽された幕山公園となってお
り、梅が咲く季節は斜面一面が
ピンク色に染まる。本コースで
は幕山の東にある南郷山とセッ
トで歩いている。温暖な気候の
湯河原で、冬の陽だまりハイク
がおすすめ。

course information

トイレ／湯河原駅、鍛冶屋バス停、
幕山公園にある。
買い出し／駅前にみやげ物店が多
くあるが、コンビニは駅から離れ
た場所にしかない。
飲食店／湯河原駅周辺に多数ある。

おみやげ／駅前に多数あり困るこ
とはない。「梅の宴」開催時のみ幕
山公園にも出店がある。
季節／冬から春が空気も澄んで登
山に適している。真夏は暑すぎて
あまりおすすめしない。

気楽に行けるコース

一泊二日のコース

幕山山頂からの眺め。海がキラキラ輝いている

立ち寄り温泉

湯河原温泉「こごめの湯」「独歩の湯」

　湯河原温泉郷にある日帰り入浴施設「こごめの湯」は、入浴料1,100円。露天風呂、休憩所、食堂もある。⚲9時〜21時。㊡月曜。☎0465-63-6944。

　また足湯施設「独歩の湯」（写真）は、入浴料300円。⚲10時〜18時（冬期は17時まで）。㊡毎月末木曜。☎0465-64-2326

旬の見どころ

白、赤、ピンクに染まる湯河原梅林

　2月上旬から3月中旬まで、幕山公園では「梅の宴」が開催される。（期間中のみ入園料200円必要）。約4,000本の紅梅、白梅が咲き誇り、斜面全体が梅の絨毯（じゅうたん）となり見事。期間中の週末には各種イベントがあり、梅林限定の「梅ソフトクリーム」も見逃せない。

access&tel

行き：JR東海道線湯河原駅下車、箱根登山バス（約10分）で鍛冶屋バス停へ。徒歩の場合は約25分。

帰り：幕山公園バス停から箱根登山バス（約17分）で湯河原駅へ。徒歩の場合は約30分で歩ける。

クルマ：東名高速道路・厚木ICより小田原厚木道路、西湘バイパス、国道135号経由で幕山公園駐車場へ。「梅の宴」期間中は駐車場が有料になる。

問い合わせ先

湯河原町役場 ☎0465-63-2111
湯河原駅前観光案内所
☎0465-63-4181
箱根登山バス湯河原営業所
☎0465-62-2776

51

花と展望を満喫するロング縦走コース

景信山

kagenobuyama

●かげのぶやま　●東京都・神奈川県　●日帰り

標高
727m

歩行時間：3時間50分／歩行距離：約11.0km／最大標高差：約537m

guide
1

小仏バス停から
展望の景信山へ

　奥高尾山稜の中央に位置する景信山へは高尾駅からバスに乗り、終点**❶小仏バス停**で下車。そのまま林道を進み、道が大きく左へ曲がると右手に登山口がある。登山道は中央自動車道の小仏トンネルの上を上がっていく。

　最初から急な登りが始まる。しばらく樹林の中をジグザグに上り、尾根にのると傾斜がゆるやかになる。尾根に沿って登山道はつづき、東側にのびる大きな尾根と合流したところで下小沢分岐に着く。

　分岐を左へ上がっていくと山頂直下にあるトイレが左手に見えてくる。小屋のようなトイレの脇を通り、青木茶屋の前に出る。茶屋の裏手が**❷景信山**山頂で、ぐるりと展望が広がっている。天気がよければ富士山を眺めることもできる。山頂のいたる場所にベンチとテーブルが並んでいるので、好きな場所で小休止としよう。これから進む城山と高尾山もよく見える。

1.登山口から急な登りが始まる　2.春には桜のトンネルとなる一丁平周辺　3.稲荷山コース途中にある展望広場　4.旭稲荷を過ぎれば清滝駅は近い　5.城山からやせた尾根道を歩く

guide 2 主稜線をたどり高尾山へ 稲荷山コースを下る

相模湖を見下ろしながら、城山方面へ下っていく。やせた尾根を通過し、30分ほど歩くと❸小仏峠に到着。ゆるやかに登っていくと城山だ。城山山頂も多くのベンチとテーブルで覆われている。売店は週末のみの営業だが、広い山頂で休憩したい。

春には桜のトンネルとなる稜線をどんどん下っていくと❹一丁平。中腹を巻く北側の道を通らず尾根通しで進むと、展望台がある。ここからの展望も素晴らしい。さらに下っていくと鞍部※にもみじ台がある。6差路に出ると高尾山の山頂はもうすぐ。右の道は山頂を通らず稲荷山へ下れるが、せっかくなので❺高尾山山頂へ。大見晴園地で再び展望を楽しみ、南側の階段を下りて稲荷山コースに入る。

なだらかな尾根を下り、小さなアップダウンを繰り返しながら進む。旭稲荷を過ぎると登山道は階段状となり、清滝駅の脇に出る。参道を進めば❻高尾山口駅に着く。

※鞍部＝稜線上の凹地のこと。単に窪んだ部分のことも言う（コル）。

course map

course guide

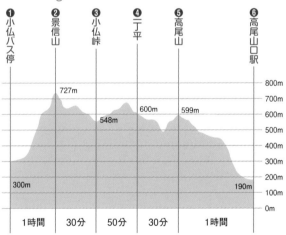

❶小仏バス停　❷景信山　❸小仏峠　❹一丁平　❺高尾山　❻高尾山口駅

727m
600m
599m
548m
300m
190m

800m
700m
600m
500m
400m
300m
200m
100m
0m

1時間　　30分　　50分　　30分　　1時間

展望を満喫できる歩き応えのあるコース

　展望の山、景信山から奥高尾縦走路を通って高尾山山頂、稲荷山経由で下山する充実コース。展望と季節ごとに咲く樹木の花、草花が魅力的なルート。コースの途中には、茶屋やトイレも多い。体力的に自信がなければ景信山往復でもいいし、ハードなコースをお好みの人は奥高尾縦走路を陣馬山方面に進んでもいい。

course information

トイレ／高尾駅、小仏バス停、景信山、もみじ台、一丁平、高尾山山頂、清滝駅にある。
買い出し／高尾駅北口から国道20号方面へ徒歩1分のところにコンビニあり。

おみやげ／参道沿い、ケーブルカー乗り場周辺に多数あり。
飲食店／高尾駅、高尾山山頂、ケーブルカー乗り場、参道に多数。
季節／年間通して歩けるが1月・2月は積雪でアイゼンが必要な場合も。

多くのハイカーでにぎわう景信山

立ち寄り温泉

京王高尾山温泉 極楽湯

　京王線高尾山口駅のすぐ隣にある。泉質はアルカリ性単純温泉。「露天岩風呂」「露天炭酸石張り風呂」「檜風呂」など7つの多彩な風呂がある。食事処もあり、高尾名物「とろろ」を使ったメニューや「なめこおろしそば」などが人気。入浴料は平日1,000円、土日祝1,200円。営8時～23時。休年中無休。☎042-663-4126

旬の見どころ

希少になってしまった キンラン

　地生ランの一種でラン科キンラン属の多年草。山地や丘陵の林下に生える。1990年代から急激に数が減り、1997年に絶滅危惧Ⅱ類として指定された。同時期に咲く白花のランがギンランで、高尾山では両方見ることができる。ギンランの花は完全に開かないものが多い。

access&tel

行き：JR東京駅から中央線特別快速利用（約58分）で高尾駅へ。または京王線新宿駅から特急利用（約50分）で高尾駅下車。JR高尾駅北口から京王バス（約15分）で小仏バス停下車。

帰り：清滝駅から徒歩約4分で京王高尾線高尾山口駅へ。

クルマ：本コースは縦走のためマイカーには向かないが、高尾駅周辺のコインパーキングに駐車して、電車で回収も可能。

問い合わせ先

八王子市観光課 ☎042-620-7378
京王バス ☎042-352-3713
高尾ビジターセンター
☎042-664-7872

富士山の展望のよい稜線漫歩

大菩薩嶺

daibosatsurei

●だいぼさつれい　●山梨県
●日帰り

標高
2,057m

歩行時間：3時間35分／歩行距離：約7.2km／最大標高差：約470m

guide
1

ゆるやかに登り
大菩薩峠へ

　タクシー、バスまたはマイカーで❶上日川峠（かみにっかわとうげ）へ。細い林道を歩き、福ちゃん荘に向かう。ミズナラやブナの森の30分ほどのゆるやかな林道歩きは、ほどよく体を温めてくれる。なおタクシーなら福ちゃん荘まで入れるので、時間を短縮することも可能だ。

　❷福ちゃん荘前の広場で小休止したら大菩薩峠方面へ、右手の林道を進む。正面の登山口は大菩薩嶺に直登する唐松尾根だ。今回はこの唐松尾根を下山に使うことにする。

　小さな沢をいくつか越え、歩きやすい登山道をひたすら上る。山の中腹に沿った登山道は傾斜がゆるく、少しずつ標高をかせいでいくと、いつのまにか介山荘（かいざんそう）が左手に見えてくる。

　小屋の脇の道を上がり、介山荘の前を通り過ぎれば❸大菩薩峠に到着。南西方面の眺めがよく、すぐ下に大菩薩湖（上日川ダム）が見える。視線の先には山々が連なり、富士山がそびえている。

1.福ちゃん荘先の歩きやすい登山道　2.大菩薩峠には山小屋、介山荘がある　3.大菩薩湖の先に富士山が見える　4.樹林の中にある静かな山頂　5.尾根上より大菩薩峠を見下ろす

guide 2

爽快な稜線歩きを満喫
大菩薩嶺を目指す

　大菩薩峠から岩まじりの小ピークを越えると、丘のような小広場に出る。風が弱い日は、のんびりと昼寝をしたくなる場所だ。ここでお弁当を広げる登山者も多い。避難小屋のある❹賽ノ河原へは90度右へ折れ、鞍部※まで下っていく。鞍部は広い平坦地で、ガスが濃い日などは道がわかりにくい。道に沿ってケルン※が積まれているので、これを手がかりに進んでみよう。

　鞍部からは上りに転じる。いくつかの小ピークを越えるが、せまい岩場を通過するので行き違う登山者に注意しながら進みたい。

　しばらくして岩が積み重なった場所、雷岩に到着する。ここは大菩薩嶺と唐松尾根の分岐点。雷岩の奥へつづく登山道を進む。樹林に覆われ視界はないが、森の中を歩くと❺大菩薩嶺だ。

　雷岩まで戻り、唐松尾根へ。出だしが急だが、すぐにおだやかな尾根になる。福ちゃん荘の裏に出たら❶上日川峠へ戻る。

※鞍部＝稜線上の凹地のこと。単に窪んだ部分のことも言う（コル）。　ケルン＝山頂などを示すために小石を円錐型に積んだもの。　**57**

course map

丹波山村へ

大菩薩の湯・裂石へ

N

0　　　　1km

大菩薩嶺
2057

⑤

樹林に覆われた
山頂

急な下り

雷岩

フルコンバ小屋跡

林道裂石
嵯峨塩線

展望台（第一）

裂石へ

展望台（第二）

0:50

唐松尾根

0:50

妙見ノ頭

ゆるやかな
尾根歩き

富士見新道

賽ノ河原

④

ノ河原

荷渋場

避難小屋

親不知ノ頭
1950

0:15

アザミ沢

福ちゃん荘

②

P
WC

勝縁荘

富士見山荘

介山荘

桂ノ尾根へ

0:20

ロッヂ長兵衛

0:30

0:50

③

大菩薩峠
1897

WC

眺望がいい

熊沢岳

石丸峠

上日川峠

①

P
WC

熊沢

林道出合

天狗棚山
1957

大菩薩館跡

砥山
1605

嵯峨塩鉱泉へ

小金沢連嶺へ

course guide

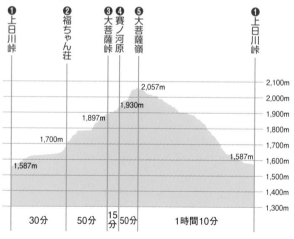

① 上日川峠
② 福ちゃん荘
③ 大菩薩峠
④ 賽ノ河原
⑤ 大菩薩嶺
① 上日川峠

2,057m
1,930m
1,897m
1,700m
1,587m
1,587m

2,100m
2,000m
1,900m
1,800m
1,700m
1,600m
1,500m
1,400m
1,300m

30分　50分　15分　50分　　1時間10分

爽快な稜線歩きの
人気周回ルート

　大菩薩峠と大菩薩嶺をめぐる
コースは道迷いの心配が少なく、
初心者でも安心して歩ける人気
ハイキングルート。レンゲツツ
ジやマツムシソウなど、初夏か
ら初秋まで花を鑑賞できるし、
秋には山腹のカエデやモミジが
美しく色づく。大菩薩嶺は樹林
に囲まれているが、大菩薩峠か
らの眺望は素晴らしい。

course information

トイレ／上日川峠と大菩薩峠にある。
山頂にはトイレはない。
買い出し／峠周辺に買い出しでき
る店はないので、事前に準備して
おきたい。
山小屋／ロッヂ長兵衛、福ちゃん荘、

介山荘がある。営業期間に関して
は事前に問い合わせたい。
季節／初心者には無雪期の初夏か
ら秋までがおすすめ。積雪期は雪
山入門ルートとして人気があるが、
裂石から歩くことになる。

山頂手前にある雷岩で小休止

立ち寄り温泉

**塩山市交流保養センター
大菩薩の湯**

　サウナやジャグジー、寝湯などのある大浴場のほか、露天岩風呂のある名湯。泉質は高アルカリ性で、やさしい肌さわりが特徴。軽食コーナー、農産物直売コーナーもある。入浴料は3時間まで620円、1日1,040円。⏰10時～21時。㊡4月から10月は第3火曜日。11月から3月は毎週火曜日。
☎0553-32-4126

旬の見どころ

**青い空に映える
真っ赤なナナカマドの実**

　秋晴れの青い空には、ナナカマドの赤い果実がよく似合う。山地に生えるナナカマドの高さは通常6～10メートル。高山に生える高さ1～2メートルの低いものはウラジロナナカマド。かなり燃えにくく、七度かまどに入れても燃えないことが名前の由来といわれている。

access&tel

行き：JR中央本線塩山駅からタクシー（約50分）で上日川峠または福ちゃん荘へ。バスの場合はJR中央本線甲斐大和駅から栄和交通バス（約40分）で上日川峠へ。（4月中旬から11月の週末運行）
帰り：往路を戻る。

クルマ：中央自動車道・勝沼ICより国道411号経由約15kmで裂石へ。ここから林道裂石嵯峨塩線で約8km、上日川峠駐車場へ。裂石から先は冬期閉鎖になる。

問い合わせ先

甲州市役所 ☎0553-32-2111
栄和交通バス ☎0553-26-2344
塩山タクシー ☎0553-32-3200

妙義山第二見晴からの
天狗岩と相馬岳(左)

紅葉が最高! 岩峰を眺めながら中間道ハイキング

妙義山

myougisan

●みょうぎさん　●群馬県　●日帰り

歩行時間：3時間10分／歩行距離：約5.0km／最大標高差：約425m

標高
855m
(第四石門)

guide
1

石門めぐりコースを進み
鎖場やトラバースに挑戦

　JR松井田駅からタクシーで中之岳大駐車場へ。まずは❶中之岳神社で安全祈願。鎖場※が苦手という人は、この神社から第四石門へ上がる初心者向けコースを進もう。

　鎖場にチャレンジするなら、車道を約5分歩き妙義登山道入口へ。ここから始まる石門めぐりは、難関ルートの多い妙義山ではビギナーでも大丈夫。まず、階段を上った先の第一石門をくぐり、「かにの横ばい」で岩場をトラバース※。「たてばり」を鎖を

使って上り、第二石門をくぐる。次に20m以上ある鎖場「つるべさがり」を下り、短い鎖場「片手さがり」を通過すると、第三と第四石門の分岐。第三石門に寄ってもいいが、鎖場の土が滑りやすいので注意。

　分岐から登ると❷第四石門。ベンチのある小広場でひと休み。自然の力でくり抜かれた石門の中に大砲岩がのぞく。石門右手に「ひぐらしの景」という断崖上の展望台があり、絶景とスリルを味わえる。

※鎖場＝登山道や岩場で、登山者がつかまって登れるように、鎖(クサリ)を固定して張ったり、垂らしている場所。

1.細く流れる大黒ノ滝　2.妙義山の紅葉は例年10月下旬〜11月中旬が見ごろ　3.「かにの横ばい」で岩場をトラバース　4.第四石門のまん中に大砲岩が見える　5.荘厳な雰囲気の妙義神社

ステップアップコース

一泊二日のコース

guide 2 　崖の道や鉄階段を抜けると 岩峰連なる絶景のごほうびが

　第四石門をくぐり中間道へ。途中、大砲岩や「天狗の評定」と呼ばれる岩へ鎖場を越え10分ほどで行くことができる。戻って進むと、崖の中ほどをくり抜いた庇状の道や、長い鉄階段など変化に富んだ道がつづく。難所を過ぎ、急な上り下りを繰り返すと❸東屋に着き、ホッとひと息。

　出発後も、上り下りを繰り返しながら進む。「本読みの僧」と呼ばれる自然石、その先でタルワキ沢コース分岐と出合い、さらに進むと❹第二見晴に到着。岩棚からは妙義山の最高峰の相馬岳から金洞山まで、ノコギリの歯のような稜線を一望でき、紅葉の頃はなんともいえぬ美しさ。

　展望を楽しんだら出発。大黒ノ滝を過ぎて進むと、金鶏山や関東平野が望める第一見晴。そこからゆるやかに下ると妙義神社本殿に着く。長い石段を下りて、赤い鳥居をくぐると❺妙義神社入口。少し歩いて「もみじの湯」で汗を流していこう。

※トラバース＝山の斜面をほぼ水平方向に横断すること。

61

course map

松井田駅
松井田妙義ICへ

岩峰を間近に
見上げる

妙義神社
入口 ⑤ P
WC

大の字

妙義神社 卍
0:40

タルワキ沢コース分岐

相馬岳
1104

白雲山
キレット

第二見晴

本読みの僧岩

④ 第二見晴

長い鉄階段

0:30

妙義山中間道

妙義山

③ 東屋

1:10

ブドウ園

道の駅「みょうぎ」
もみじの湯

町立ふるさと美術館

安中市

岩をえぐったよ
うな庇状の道

金洞山

星穴岳
1073

東岳
1094

七曲り

一本杉

第四石門 ②

大砲岩
第一石門

第三石門
第二石門
かにの横ばい

0:50

妙義登山道入口

WC
妙義さくらの里

筆頭岩
826

富岡市

中之岳神社 ①

P
WC

下仁田町

金鶏山
856

下仁田へ

N

0 1km

course guide

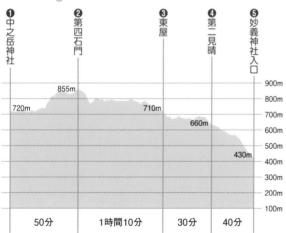

① 中之岳神社　② 第四石門　③ 東屋　④ 第二見晴　⑤ 妙義神社入口

900m
855m　800m
720m　710m　700m
660m　600m
500m
430m　400m
300m
200m
100m

50分　1時間10分　30分　40分

石門や岩峰を眺めながら
変化に富んだ中間道を行く

　荒々しい岩峰が連なる妙義山。最高峰の相馬岳（1,104m）など各ピークを結ぶ稜線は、ベテランでも怖じ気づく難関ルート。中腹に石門や岩峰を縫うように開かれたこの中間道は、ビギナーでもOK。鎖を伝い、石門をくぐり、腰をかがめて進み、鉄階段を歩く変化に富んだ楽しいコース。紅葉期はすれ違うのも大変なくらい込み合うことも。

course information

トイレ／中之岳大駐車場、道の駅みょうぎにある。
買い出し／中之岳大駐車場に売店があるが、コンビニなどはない。
飲料水・水場／中之岳大駐車場。中間道に水が流れている場所は4

～5カ所あるが、自己判断で。
飲食店／妙義神社周辺、道の駅みょうぎにある。
季節／年間通じて登れる。冬期は雪に覆われ凍結することも。アイゼン※や軽アイゼンを常備。

※アイゼン＝登山靴にストラップで装着して、氷や雪の上を歩くために用いられる。「軽アイゼン」は爪の少ないもの。

妙義山白雲山・相馬岳と遠く金洞山を眺める

立ち寄り温泉

妙義ふれあいプラザ もみじの湯

　妙義神社入口から徒歩約10分の温泉施設。妙義山の荒々しい姿と、関東平野が一望できる2つの露天風呂があり、男女で交代制。休憩所、食事処あり。入浴料520円。🕙10時〜20時（冬期は19時まで）。㊡月曜（祝日の場合は翌日休）、年末。
☎0274-60-7600

旬の見どころ

岩峰や奇岩に映える 鮮やかなモミジ

　日本三大奇勝のひとつ妙義山。自然が創り出した石門や奇岩に、モミジやカエデなどの紅葉が映える。朝夕の斜光線が差し込んだ景観は、美しさもひとしお。例年10月下旬〜11月中旬が見ごろ。春はサクラも美しく、妙義神社山門付近の樹齢200年のシダレザクラが見事。

access&tel

行き：上野駅からJR上越新幹線（約55分）、またはJR高崎線快速（約95分）で高崎駅。そこから乗り換えJR信越本線（約25分）で松井田駅へ。駅前からタクシー（約25分）で中之岳大駐車場へ。

帰り：妙義神社入口からタクシー（約10分）で松井田駅へ。

クルマ：上信越自動車道・松井田妙義ICより、主要地方道51号〜県道213号〜県道196号経由で中之岳大駐車場へ。石門めぐりを楽しみここに戻る。

問い合わせ先

富岡市観光交流課 ☎0274-62-5439
下仁田町役場 商工観光課
☎0274-82-2111
旭屋観光タクシー ☎027-393-0135
ツバメタクシー ☎027-393-1181

浅間山を間近に見る展望ハイク

黒斑山

kurofuyama

●くろふやま　　●長野県・群馬県　　●日帰り

標高
2,404m

歩行時間：3時間25分／歩行距離：約5.0km／最大標高差：約431m

guide 1

車坂峠からスタートして
トーミの頭を目指す

　車坂峠の標高はすでに2,000メートルに近い。準備運動などをして体を高度に慣らしてから出発しよう。ビジターセンターから少し戻ったところにある**❶車坂峠**登山口から表コースに入る。最初のうちは庭園のような趣の登山道を進む。針葉樹林の森を抜けると、視界が開けたガレ場に出る。振り返ると水ノ塔山・篭ノ登山方面が見える。視界がいいときは北アルプスや富士山を望むこともできる眺望のいい場所だ。

　急な斜面を上がると、**❷避雷小屋**のある槍ヶ鞘に出る。ここからもうひと登りで赤ゾレの頭だ。切れ落ちた正面には浅間山の雄姿が見え、左手にはこれから進むトーミの頭がそびえている。かなりの急坂に見えるが、一歩一歩慎重に歩けば大丈夫。ただし右側が切れ落ちているので、注意しながら歩きたい。砂れきの急斜面を上がり**❸トーミの頭**に到着。外輪山の蛇骨岳方面が見えてくる。黒斑山まではひと登りだ。

1.カラマツの黄葉がきれい。水ノ塔山、篭ノ登山　2.黒斑山山頂はせまい。浅間山方面は切れ落ちているので注意　3.山頂からは中央アルプス、北アルプスが見える　4.高峰高原ビジターセンターで登山の情報を入手したい

guide
2

黒斑山で展望を楽しみ
往路を戻る

❹黒斑山から見る浅間山は、ぐっと近く感じることだろう。ここまで来ると迫力が一段と増す。山頂は山名と標高を示す道標があるだけで、かなりせまい。山頂というよりは稜線の一部分という感じだ。記念撮影など、くれぐれも東側の断崖に気をつけながら行いたい。

もし時間と体力に余裕があれば、このまま外輪山を進んでみるのもおもしろい。黒斑山から次のピーク、蛇骨岳まで往復で1

時間。東側が切れ落ちた稜線歩きで緊張するが、浅間外輪山を堪能できる。稜線上は風が強いことが多いので、防風対策をしておきたい。参考までに浅間第一外輪山は蛇骨岳の先、仙人岳、鋸岳まで登山道が整備されている。

外輪山からの眺望を楽しんだら、往路を戻る。❸トーミの頭まで慎重に下ったら、帰路は中コースを進もう。樹林を越えると❶車坂峠に飛び出す。

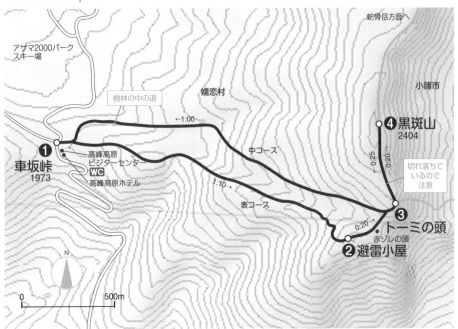

蛇骨岳方面へ

アサマ2000パーク
スキー場

樹林の中の道

嬬恋村

小諸市

❶ 車坂峠
1973

高峰高原
ビジターセンター
WC
高峰高原ホテル

←1:00

中コース

❹ 黒斑山
2404

0:25

0:20

切れ落ちて
いるので
注意

1:10→

表コース

❸
トーミの頭

0:20

赤ゾレの頭

❷ 避雷小屋

N

0   500m

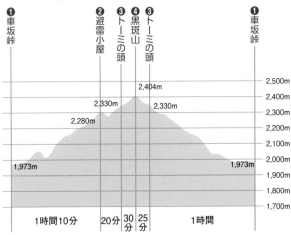

❶車坂峠　❷避雷小屋　❸トーミの頭　❹黒斑山　❸トーミの頭　❶車坂峠

2,404m
2,330m　　2,330m
2,280m

1,973m　　　　　　　　　　　　　　1,973m

2,500m
2,400m
2,300m
2,200m
2,100m
2,000m
1,900m
1,800m
1,700m

1時間10分　20分　30分　25分　　1時間

浅間第一外輪山の最高峰 浅間山をのぞむ展望ハイク

　浅間山の大展望が魅力の黒斑
山。日本百名山のひとつである
浅間山は活火山のため、現在は
山頂に立てない。そんな活火山
の浅間山を間近に望めることか
ら人気がある。標高は2,400m
と高いが、登山口となる高峰高
原も2,000m近い。ここまで車
でアプローチできるので、比較
的楽に2,000m級の山を楽しめる。

トイレ／高峰高原ビジターセンター
のみ。
買い出し／ビジターセンターでア
ウトドア用品を販売しているが、
食材はない。
飲食店／ビジターセンター内に軽

食やデザートの食べられるカフェ
がある。
おみやげ／周辺の高峰高原ホテル
などで購入できる。
季節／春から秋。冬はスノーシュー※
やアイゼンが必要。

※スノーシュー＝靴にに取り付け、雪の上を歩くための道具。西洋版「かんじき」(ワカン)。

時間があれば黒斑山から蛇骨岳まで外輪山を歩いてみよう

ステップアップコース

一泊二日のコース

立ち寄りグルメ

**ビジターセンターに併設
ビジターズカフェ**

　高峰高原ビジターセンター内にあるカフェ「ビジターズカフェ」。大きなガラス張りの店内からは高峰高原を眺められる。コーヒーやデザートのほか、地元の食材を使ったランチも人気がある。営平日10時〜16時、休日・休前日10時〜16時。休冬期（11月〜4月）。☎0267-23-3124

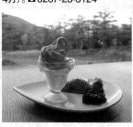

旬の見どころ

**黄金色に輝く
カラマツの黄葉**

　浅間山周辺の山は針葉樹林が多く、晩秋にはいたるところで、黄金色に黄葉したカラマツがキラキラと輝いている。日本特産のマツ科の落葉針葉樹で、芽吹きと黄葉がことのほか美しい。浅間山周辺では10月中旬から下旬頃が見ごろ。高さは20〜30メートルまで成長する。

access&tel

行き：JR長野新幹線佐久平駅からJRバス（54分）で高峰高原ホテル前へ。またはJR信越線小諸駅から同じくJRバス（37分）で高峰高原ホテル前へ。
帰り：往路を戻る。

クルマ：上信越自動車道・小諸ICよりチェリーパークライン経由で約18km。高峰高原ビジターセンター前に約50台の無料駐車場あり。夏季は高峰温泉〜地蔵峠にマイカー規制あり。

問い合わせ先

小諸市商工観光課 ☎0267-22-1700
浅間山麓国際自然学校
☎0267-23-3124
JRバス関東小諸支店
☎0267-22-0588

ohyama

〝大山詣で〟で親しまれているピラミッド型の山

大山

●おおやま　●神奈川県　●日帰り

歩行時間：4時間／歩行距離：約6.0km／最大標高差：約920m

標高
1,252m

guide
1

ケーブルカーで下社に上り
石柱をたどりながら山頂の本社へ

大山ケーブルバス停から参道石段を上り、雲井橋を渡って右へ行くと大山ケーブル駅。ケーブルカーに乗り6分で❶阿夫利神社駅に着く。阿夫利神社下社でお参りしたら、左手の天満宮の門のところが登山口。

ここから先は山腹を巻く「かごや道」もあるが、一丁目から山頂の二十八丁目まで石柱をたどる本坂を進んでいこう。スギ林に入ると樹齢600年といわれる夫婦杉が枝を広げる。天狗の鼻突き岩を通過すると、

樹間越しに相模湾が見える❷十六丁目。

そこから広い尾根を上っていく。二十丁目の富士見台では、正面に富士山を望める。さらに❸二十五丁目でヤビツ峠への道を左に分け、2つの鳥居をくぐると❹大山山頂に到着。三角形の美しい山容から山岳信仰の対象とされ、人々は「大山詣で」を行った。「雨降り山」と呼び雨乞いの神として信仰。山頂の阿夫利神社本社前には御神木のブナ「雨降木」が立っている。

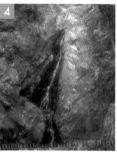

1.阿夫利神社下社の左手にある登山口（1丁目）から石段を上り出発　2.大人の手が入るくらいの穴が開いた十五丁目の天狗の鼻突き岩　3.かつての修験の道、風情ある石段を上る　4.傍らに二重社が建つ二重滝　5.二十八丁目の石柱にタッチして山頂に到着

guide 2　尾根を下りモミの原生林を抜けケーブルカーを使わずに下界へ

　山頂からは相模平野と相模湾、遠く大島も望める。奥ノ院のほうからは富士山や丹沢の山々の大展望。テーブルやベンチ、売店もあるのでランチタイムをとろう。

　下りは見晴台への道標にしたがい、階段状の急な道を下る。❺不動尻分岐で道を左に分けて尾根道を行き、やがて山腹を折り返しながら下る。再び尾根になると左側に鹿の食害を防ぐ柵が。さらに鞍部まで岩場を慎重に下り、ゆるやかに上れば❻見晴台。

　ここからは下社への道標にしたがい、日向薬師とは逆方向へ。ところどころにモミの大木があり見事。ジグザグに下ると、やがて二重滝。二重滝橋を渡ると下社に着く。

　ケーブルカーで下りるのもいいが、ここは女坂を下ろう。男坂のほうが約10分早く下れるが、女坂は❼大山寺に立ち寄れる。静かな境内に秋はモミジが色づき美しい。さらに下ると❽大山ケーブル駅。あとは参道を抜け❾大山ケーブルバス停でゴール。

course map

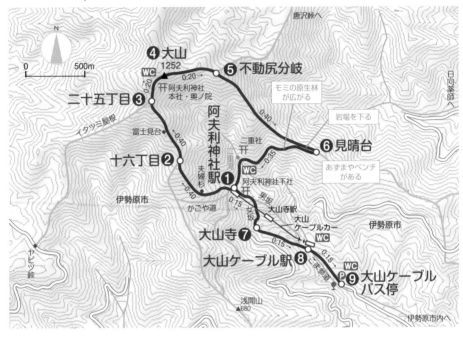

- ④ 大山 1252
- ⑤ 不動尻分岐
- WC
- 0:20
- 卍阿夫利神社 本社・奥ノ院
- ③ 二十五丁目
- モミの原生林 が広がる
- 阿夫利神社駅
- 富士見台
- 0:40
- イタツミ尾根
- 岩場を下る
- 0:40
- ② 十六丁目
- 三重社 卍
- 0:35
- ⑥ 見晴台
- 夫婦杉
- 0:40
- 伊勢原市
- WC
- ① 阿夫利神社下社 卍
- あずまやベンチ がある
- かごや道
- 0:15
- 男坂
- 女坂
- 大山寺駅
- 0:15
- 大山 ケーブルカー
- WC
- 伊勢原市
- ⑦ 大山寺
- 0:15
- ⑧ 大山ケーブル駅
- こま参道
- WC
- P ⑨ 大山ケーブル バス停
- ヤビツ峠
- ▲浅間山 680
- 伊勢原市内へ
- 唐沢峠へ
- 日向薬師へ
- N
- 0 500m

course guide

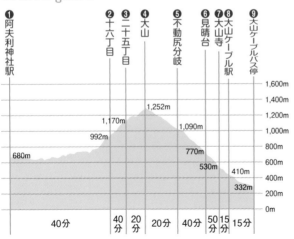

- ① 阿夫利神社駅
- ② 十六丁目
- ③ 二十五丁目
- ④ 大山
- ⑤ 不動尻分岐
- ⑥ 見晴台
- ⑦⑧ 大山寺 大山ケーブル駅
- ⑨ 大山ケーブルバス停

1,252m
1,170m
1,090m
992m
770m
680m
530m
410m
332m

1,600m
1,400m
1,200m
1,000m
800m
600m
400m
200m
0m

40分　40分　20分　20分　40分　50分　15分　15分

ケーブルカーで上がり 修験の道の表参道を行く

　丹沢山塊の東端に位置するピラミッドのような山容の大山。約2,200年前の崇神天皇の代に創建と伝えられる阿夫利神社は、中腹に下社、山頂に本社と奥ノ院がある。江戸時代に「大山詣で」でにぎわった表参道を行くこのコース。ケーブルカーで上がり、阿夫利神社駅からは逆まわりもOK。名物の豆腐料理店も並ぶ参道でおみやげを。

course information

トイレ／大山ケーブルバス停、大山ケーブル駅、阿夫利神社駅にある。山頂トイレは凍結時使用不可。
買い出し／阿夫利神社駅前の「こま参道」沿いの店は朝早くは開いてない。コンビニもなく事前準備を。

水場／阿夫利神社下社で「大山名水神泉」のお水取りができる。
おみやげ／大山こまやきゃらぶき、大山豆腐など。「こま参道」で買える。
季節／年間通じて登れる。冬期積雪時は軽アイゼンがあれば便利。

山頂で大きく枝を広げる「雨降木」は、雨乞いをする農耕民の祈りの木だった

ステップアップコース

一泊二日のコース

立ち寄り温泉

鶴巻温泉
弘法の里湯

　大山には、豆腐会席を食べると入浴できる旅館があるが、料金がやや高め。バスで伊勢原駅に戻り、隣の鶴巻温泉駅からこの温泉施設に立ち寄るのが人気。休憩室、食事処あり。入浴料は平日800円（2時間）、休日1,000円（2時間）。㊋10時〜21時。㊡月曜（祝日の場合は翌日休）。
☎0463-69-2641

旬の見どころ

寒〜い冬の日の御神木に
エビの尻尾が出現!?

　大山では初詣、節分祭など、年間を通して多くの行事が行われ、11月中旬〜下旬は大山寺とモミジがライトアップされ美しい。晩秋から春先にかけての寒い日には、山頂の御神木が霧氷をまとい神秘的な姿を見せることがある。風上側にのびた霧氷「エビの尻尾」が見られたらラッキー。

access&tel

行き：新宿駅から小田急線急行（約60分）で伊勢原駅へ。駅北口4番線から神奈川中央交通バス大山ケーブル行き（約30分）で終点下車。徒歩（約15分）で大山ケーブル駅、そこからケーブルカー（約6分）で阿夫利神社駅へ。※季節によって大山ケーブルバス停横の「丹沢・大山フリーパス」が便利。
帰り：往路を戻る。

クルマ：東名高速道・厚木ICより、国道246号経由（約15km）で大山ケーブルバス停横の有料駐車場へ。約44台。

問い合わせ先

伊勢原市役所 商工観光課
☎0463-94-4711
神奈川中央交通バス 伊勢原営業所
☎0463-95-2366
大山観光電鉄 大山ケーブル駅
☎0463-95-2040

湖畔・湿原・高原ハイキングが楽しめる火山峰

赤城山

akagisan

●あかぎさん　●群馬県　●日帰り

歩行時間：4時間／歩行距離：約6.4km／最大標高差：約477m

標高
1,828m
（黒檜山）

guide
1

湖畔の赤城神社にお参りし
猫岩を越え黒檜山に立つ

❶赤城山ビジターセンターの駐車場にトイレがあり、準備をして出発。大沼の東岸沿いに車道を進もう。後で下りてくる駒ヶ岳登山口を見送って湖畔を進み、朱塗りの橋を渡って**❷赤城神社**へ。はるか昔に起源し、大同元年（806年）にこの地に御遷宮されたという神社に参拝していこう。

社殿の脇から車道に出て、左へ行くと**❸黒檜山登山口**。そこから山道に入り、ミズナラやカエデの樹林に包まれた山腹を急登していく。初夏は新緑、秋は紅葉が美しい。尾根道で「猫岩」と出合うと、眼下には大沼の青い水面が広がる。尾根にはサラサドウダンなどツツジ類が多く、5月下旬から初夏に目を楽しませてくれる。

やがて稜線に出て、左へ進むと**❹黒檜山**山頂。火口原湖である大沼の周囲に連なる山々の総称が「赤城山」で、その最高峰がここ。樹間から上州武尊や尾瀬の燧ヶ岳、皇海山、日光連山も見える。

1.赤城神社へつづく朱塗りの橋と、その向こうにそびえる黒檜山　2.黄金色に染まった草紅葉の覚満淵　3.大ダルミあたりから見た紅葉が始まった黒檜山　4.大沼の手前2キロメートルほどの新坂平にある白樺牧場では、6月中旬ころに10万株のレンゲツツジが咲く。その間で牛たちが草を食(は)んでいる

guide 2　稜線から駒ヶ岳に登頂し 高原湿原の覚満淵をめぐる

　山頂でお弁当を楽しんだら、稜線伝いに駒ヶ岳へ。大沼からの分岐を過ぎると鳥居が見え、御黒檜大神（おんくろびおおかみ）を祀った祠がある。ここからは駒ヶ岳から小沼、地蔵岳の展望が広がる。

　階段状の道を下り、大ダルミと呼ばれる鞍部まで下降。ササ原のゆるやかな尾根道を進む。途中、振り返ると黒檜山の左に谷川岳や榛名山（なるなさん）方面が見える。ひと登りで**❺駒ヶ岳**山頂。関東平野を広く一望できる。

　下りは、稜線上を南にゆるやかに下ってから、進路を右向きに山腹へ。鉄製階段を下り、ミズナラやホオノキなどの林をジグザグに下っていくと駒ヶ岳登山口。

　最後に**❻覚満淵**（かくまんふち）の遊歩道を一周していこう。車道に出たら少し行くと覚満淵への入口がある。標高1,360mに位置する周囲1kmほどの高原湿原が広がり、周縁にはレンゲツツジの群落がある。30分ほどで一周し、**❶赤城山ビジターセンター**に戻る。

course map

course guide

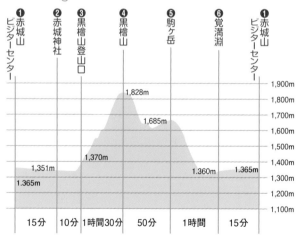

火山の外輪山を縦走し 湖沼や湿原をたっぷり散策

　関東平野の北縁に位置する赤城山は、カルデラ湖の大沼を持つ複成火山。その外輪山にあたる黒檜山と駒ヶ岳を、手軽に縦走できるこのコース。湖畔の赤城神社を訪ね、気持ちのいい森を歩いてひと汗かくと、美しい湖面を見下ろせると人気。ラストに覚満淵の湿原散策をオプションにつけて、幸せな休日ハイクを満喫。

course information

トイレ／赤城山ビジターセンター、駒ヶ岳登山口、赤城神社のある小鳥ヶ島にある。
買い出し／大沼のボート乗り場前に売店でにぎわう場所があるが、朝早くは開いていない。コンビニもなく事前準備を。
飲食店／大沼のボート乗り場前や湖畔に食堂がある。
季節／年間通じて登れる。冬期積雪時は軽アイゼンが必要。

黒檜山の中腹の「猫岩」から大沼と赤城神社、背後に地蔵岳を望む

立ち寄り温泉

富士見温泉
見晴らしの湯 ふれあい館

　露天風呂から関東平野が一望できる温泉施設。低温サウナもあり、食事処で郷土料理も味わえる。前橋市の道の駅ふじみにあり、前橋行きバスの乗り継ぎ地なので帰路に便利。入浴料520円。☎10時〜21時。㊡木曜（祝日の場合は営業）。
☎027-230-5555

旬の見どころ

初夏のサラサドウダン
秋は草紅葉に酔いしれる

　6月に釣鐘型の可愛い花をたくさんつける、ツツジ科のサラサドウダン。クリーム色の花の縁がピンクにポッと染まるのですぐわかる。覚満淵の周縁に群落するレンゲツツジも、6月中旬には朱色からピンクに染まり満開に。10月上旬の覚満淵ではカヤなどが草紅葉となる。

サラサドウダン

access&tel

行き：上野駅からJR高崎線（約110分）、または新宿駅からJR湘南新宿ライン快速（約110分）で高崎駅。乗り換えてJR両毛線（約15分）で前橋駅へ。駅北口から関越交通バス（約30分）で富士見温泉バス停、乗り換え（約45分）で赤城山ビジターセンター下車。※おのこ広場バス停で降りるのも便利。

帰り：往路を戻る。

クルマ：関越自動車道・前橋ICより、国道17号〜県道34号〜主要地方道4号経由（約32km）で赤城山ビジターセンター前駐車場へ。約60台。大沼南岸の、おのこ駐車場も便利。

問い合わせ先

赤城公園ビジターセンター
☎027-287-8402
富士見支所 ☎027-288-2211
関越交通バス 前橋営業所
☎027-210-5566

戦場ヶ原側から見た高山。北山麓には美しい白樺林が広がっている

奥日光のツツジ咲く山+湖畔ウォーキングを楽しむ

高山

takayama

●たかやま　●栃木県　●日帰り

標高
1,668m

歩行時間：4時間20分／歩行距離：約11.5km／最大標高差：約398m

guide 1

初夏には至福のツツジの
トンネルを抜けて山頂へ

日光駅前からバスに乗り、**❶竜頭ノ滝**とひとつ先の**❷滝上**のどちらのバス停で降りてもいい。車なら両方に無料駐車場がある。❷のほうが登山口に近いが、竜頭ノ滝を先に見ておきたいなら❶からスタート。

滝沿いの散策路を10分ほどで❷に着くと、滝上の橋から湯川の流れを見下ろせる。高山への登山口は国道を横断し、橋を日光方面へ戻ったところ。龍頭山の家へ行く車道を上がると、すぐ左側へ登山道がつづく。

階段状の道を行くとカラマツ林へ入る。さらにミズナラなどの広葉樹が枝を広げる森を行き、ジグザグに登ると尾根上の鞍部へ飛び出す。右へ進むと樹間越しの右手に戦場ヶ原、左手に中禅寺湖が見える。

やがてブナなどの明るい森へと変わる。初夏にはトウゴクミツバツツジやシロヤシオが競演するように咲く斜面があり、桃源郷を歩いているよう。アップダウンを繰り返し、最後に急登すると**❸高山**に到着。

1.茶屋の展望台から見た竜頭ノ滝の清流　2.愛子様のお花にもなっているシロヤシオの花は、山頂近くの斜面で見られる　3.湖畔沿いはほぼ平らなので虫たちの声を聴きながら快適に歩ける　4.頭上にピンクや白のツツジが咲く花のトンネルを歩く　5.熊窪あたりの湖岸から黒桧山方面を望む

ステップアップコース

一泊二日のコース

guide 2

ゆっくりと湖畔散歩を楽しみ
千手ヶ浜でクリンソウを愛でる

　山頂で昼食タイムを楽しんだら、まずは山腹を急降下。このあたりも各種のツツジが咲き、まるで花のトンネルのよう。大きく折り返しながら下っていくと、ちょっとした鎖場があるが危険はない。

　さらに下ると広い尾根筋の道となり、小鞍部に着くと❹中禅寺湖・小田代 原 分岐。ここは左へ進み、ミズナラやハルニレの森を抜けると中禅寺湖畔の❺熊窪に着く。

　ここからは湖畔ウォーキングを楽しもう。

右へ15分ほどで❻千手ヶ浜に到着。のびやかな浜が広がり、湖をはさんで男体山が望める。先に進むとクリンソウの群生地があり、初夏には切り株を囲むように一面に可愛い花が咲き乱れる。

　帰りは湖畔沿いに、熊窪、赤岩を経由して❶竜頭ノ滝へ。時間がないときは千手ヶ浜バス停からハイブリッド低公害バスで赤沼に出たり、千手ヶ浜乗船場から遊覧船にゆられ、船の駅中禅寺に渡るのも楽しい。

course map

course guide

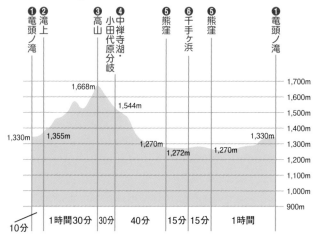

❶竜頭ノ滝　❷滝上　❸高山　❹中禅寺湖・小田代原分岐　❺熊窪　❻千手ヶ浜　❺熊窪　❶竜頭ノ滝

1,668m
1,544m
1,330m　1,355m　1,270m　1,272m　1,270m　1,330m

1,700m
1,600m
1,500m
1,400m
1,300m
1,200m
1,100m
1,000m
900m

10分　1時間30分　30分　40分　15分　15分　1時間

高低差が少なく花いっぱい 快適トレッキングコース

　奥日光の中禅寺湖と戦場ヶ原の間に、こんもりとやさしい姿で鎮座する高山。山頂まで1時間半ほどで登れ、高低差も少なく歩きやすい。高山登山口から登るコースもある。中禅寺湖の湖畔歩きは、距離は長いけれど平坦で快適。花いっぱいの山としても人気で、新緑〜初夏、紅葉の季節にはぜひ訪れたい。観光客も多く平日がおすすめ。

course information

トイレ／滝上にはなく、遊歩道を竜頭ノ滝へ少し戻ったところと、千手ヶ浜バス停にある。
買い出し／竜頭ノ滝に売店があるが、事前の準備を。
水場／登山コース上にはない。

飲食店／竜頭ノ滝に「龍頭之茶屋」がある。日光名物ゆばメニューがおすすめ。
季節／年間通じて登れる。冬期の積雪時はスノーシュー・トレッキングも人気。

中禅寺湖の西岸に広がる千手ヶ浜から高山を望む

ステップアップコース

一泊二日のコース

立ち寄り温泉

日光和の代温泉 やしおの湯

　日光湯元、鬼怒川など名湯が多いなか、ここは日光駅に帰る途中にある市営温泉。竜頭ノ滝からバスに乗り、清滝一丁目バス停下車徒歩12分。露天風呂に泡風呂、食堂もある。ここから日光駅へバスも出ている。入浴料510円。⑧10時〜21時。休木曜（祝日の場合は翌日休）、年末年始。☎0288-53-6611

旬の見どころ

千手ヶ浜で可愛い車輪状の花が咲くクリンソウ

　千手ヶ浜から橋を渡った森の小湿原にクリンソウの群生地がある。30センチほどの茎に赤紫やピンク、白など小さな花を幾重にも車輪状につける。色とりどりの花が水面に映えて華やか。見ごろは例年6月中旬〜下旬。ほかの花も一斉に咲き出し、花好きでにぎわう。

access&tel

行き：浅草駅から東武日光線の特急（約105分）で、東武日光駅へ。駅前で東武バス湯元温泉行き（約60分）で、竜頭ノ滝バス停、または滝上バス停下車。
帰り：往路を戻る。もしくは千手ヶ浜からハイブリッド低公害バス、中禅寺湖遊覧船もあり。

クルマ：東北自動車道・宇都宮ICより日光宇都宮道路に入り、清滝ICから国道120号経由（約20km）で竜頭ノ滝へ。竜頭ノ滝約70台、滝上約20台の無料駐車場あり。

問い合わせ先

日光観光協会 ☎0288-54-2496
東武バス日光営業所 ☎0288-54-1138
低公害バス（日光自然博物館）☎0288-55-0880
中禅寺湖遊覧船 ☎0288-55-0360

広い山頂をもつ明神ヶ岳。富士山と金時山の眺めがよい

ダイナミックな風景が魅力の箱根の山

明神ヶ岳

myoujingatake

- みょうじんがたけ　● 神奈川県
- 日帰り

標高
1,169m

歩行時間：4時間25分／歩行距離：約10.5km／最大標高差：約709m

 guide 1 宮城野バス停から
外輪山の稜線へ

　箱根湯本駅から桃源台行きのバスに乗り、**❶宮城野バス停**で下車。バス停横にあるトイレで用を済ませたら、道路を渡り案内表示に従って明神ヶ岳の登山口へ。民家の間を通り、別荘が建ち並ぶ林道を上がっていく。大きな看板のある登山口から登山道に入り、竹林に囲まれた道を進む。

　しばらく坂道を登っていくと、堰堤※の下に出る。ここで登山道は大きく右に曲がり、沢を越える。ここから先は小さな尾根になり、

傾斜がより強くなってくる。大きな段差のある登山道は、息が上がらないようゆっくりと登っていきたい。

　ちょっと疲れてきたところで稜線の鞍部に飛び出る。ここが**❷913m分岐**で、左が明神ヶ岳、右が明星ヶ岳に通じている。今回はまず、標高の高い明神ヶ岳に登ることにする。箱根の山特有の真ん中が深くえぐられた登山道は滑りやすく、雨の日など土がぬかるんで歩きにくい個所もある。

80

※堰堤＝貯水、治水、砂防などの目的で、河川、渓谷を横断してつくられる堤防。

1.深くえぐられた登山道を歩く　2.分岐に出たら、まずは左の明神ヶ岳へ　3.登山道で見かけたセンブリのつぼみ　4.下山口。車道に出れば宮城野橋は近い　5.樹林の中にある明星ヶ岳の山頂

guide 2 展望の明神ヶ岳から 明るい草原上の稜線へ

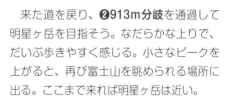

　しばらく急な上りが続くが、平坦な場所に出ると右手から登山道と出合う。ここはまっすぐに進み、急な斜面を上りきると西側が開けた場所に出る。眺めを遮る樹林がなくなり、赤土の荒涼とした山道を進めば❸明神ヶ岳山頂だ。明神ヶ岳は富士山に近く、大きな富士の展望が楽しめる。富士山の前には特徴的な山容の金時山がある。眺めはいいのだが、ここはいつでも風が強い。風を防げる場所で休みたい。

　来た道を戻り、❷913m分岐を通過して明星ヶ岳を目指そう。なだらかな上りで、だいぶ歩きやすく感じる。小さなピークを上がると、再び富士山を眺められる場所に出る。ここまで来れば明星ヶ岳は近い。

　❹明星ヶ岳山頂は樹林に覆われているので展望はない。小休止したら来た道を戻り、宮城野方面への分岐を下りていく。下山口に出たら右折、車道を右へ行けば❶宮城野バス停に出る。

明星ヶ岳へ向かう稜線から後ろを振り返る

course guide

❶宮城野バス停	❷913m分岐	❸明神ヶ岳	❷913m分岐	❹明星ヶ岳	❶宮城野バス停
1時間10分	45分	40分	45分	1時間5分	

1,169m
1,200m
1,100m
1,000m
913m
913m
924m
900m
800m
700m
600m
460m
460m
500m
400m

人気観光地箱根で
外輪山の稜線を歩く

　箱根外輪山の明神ヶ岳と明星ヶ岳を結ぶ稜線歩き。強羅に近い宮城野を拠点に、富士山の好展望地として人気のある明神ヶ岳に登り、次に大文字焼で有名な明星ヶ岳に登る。稜線に出るまでは急坂が続くが、稜線上は明るいカヤト※の道。富士山や金時山、駒ヶ岳を眺めながらの縦走にワクワクする。帰りの温泉も楽しみだ。

course information

トイレ／箱根湯本駅、宮城野バス停にある。コース途中にはトイレがない。
買い出し／箱根湯本駅から徒歩5分のところにセブンイレブンがある。
飲食店／駅前、宮城野に多数あり。

季節／春から秋がベストシーズン。冬は雪が降ることもあるので、防寒具は必携。雨や雪が降った後は登山道がぬかるみ、かなり滑りやすい状態となる。

82

※カヤト＝ススキやスゲなどの植物が広範囲に茂る場所。

course map

展望がいい

滑りやすいので注意

明神ヶ岳 ❸
1169

0:40

0:45

無線中継所

❷ 913m分岐

急な上り

0:45

金時山へ

1:10

碓氷峠

別荘の脇の道をいく

宮城野
バス停 ❶

大文字焼

❹ 明星ヶ岳
924

箱根宮城野温泉会館

強羅駅

WC

箱根三笠山

136

WC

箱根登山ケーブル

宮城野橋

急な下り

1:05

韶羅

強羅温泉

木賀温泉

彫刻の森駅

早雲山駅

二ノ平温泉

1

小涌谷駅

宮ノ下駅

箱根登山鉄道

1

大平台駅

0   1km

N

access&tel

行き：箱根登山線箱根湯本駅から箱根登山バス（約20分）で宮城野バス停へ。または小田原駅から箱根登山バス（約35分）で宮城野バス停へ。箱根登山鉄道強羅駅から徒歩15分で宮城野まで行くこともできる。
帰り：往路を戻る。

クルマ：宮城野周辺に登山者用駐車場がない。箱根湯本駅または周辺の観光地の駐車場を利用して、そこからバスや徒歩で移動することをおすすめする。

問い合わせ先

箱根町観光協会 ☎0460-85-5700
箱根登山バス湯本案内所
☎0460-85-5583

立ち寄り温泉

町営の素朴な温泉
箱根宮城野温泉会館

　町営の日帰り入浴施設。お風呂は露天と内風呂の2種。泉質は塩化物・硫酸塩で、腰痛や冷え性に効果。宮城野バス停から徒歩3分という場所で、ハイカーにとってはありがたい。浴室使用料650円、休憩室使用料（2時間）400円。㊐10時〜21時。㊡木曜日。
☎0460-82-1800

旬の見どころ

黄金色に輝く
ススキの群生

　箱根周辺の山でよく見られるのがススキ。風が吹くと一斉に穂を揺らす姿は美しい。明神ヶ岳と明星ヶ岳間の稜線からは、秋から冬にかけてススキと富士山を一緒に眺めることができる。箱根仙石原のススキ野は映画の撮影地としても有名。

ステップアップコース

一泊二日のコース

アップダウンが続く奥武蔵縦走コース

武川岳

takekawadake

●たけかわだけ　●埼玉県　●日帰り

標高
1,052m

歩行時間：5時間／歩行距離：約7.5km／最大標高差：約742m

guide
1

カタクリの花咲く尾根道から
山頂までの快適ハイク

　武川岳は、車利用で山頂を往復するなら、名栗げんきプラザの駐車場に止めよう。また、ここで紹介する「武川岳から縦走するコース」は、芦ヶ久保駅からタクシーに乗り、オーグリ入出合で降りるといい。

　❶名栗げんきプラザの第一駐車場から県道を山伏峠のほうへ歩くと、大きなヘアピンカーブがある。タクシーはそのカーブの頂点で降りる。山伏峠への車道を進み、すぐにオーグリ入（大栗沢）出合で林道が右

に分岐するので、ここを右折しよう。

　林道を進むと武川岳の稜線が見えてくる。道標の立つ**❷オーグリ入登山口**から急登となり、稜線に出ると**❸見晴台分岐**。見晴台は右へすぐなので寄っていこう。

　コースに戻り、尾根をゆるやかに登る。周囲の林では、4月にはカタクリの花がピンクの花弁をのぞかせる。カラマツ林が現れたらまもなく**❹武川岳**の頂上。展望はないが広く気持ちのいい場所で小休止。

84

1.二子山雄岳への最後の岩場を登る。実はこの後に雌岳の登りがあるのだが……　2.うす紫や淡いピンクのカタクリの花が咲くのは春4月　3.新緑の季節はハイカーでにぎわう　4.焼山から見た2つのピークがある二子山　5.武川岳の山頂は広々として気持ちがいい

guide 2　うって変わって後半はアップダウンが続く

頂上からは四方に道がのびている。北にのびる稜線を進むが、奥武蔵ではめずらしくアップダウンの多い道。途中ではっきりしたエスケープルートもなく、芦ヶ久保駅までは約3時間半の行程。武川岳で疲れを感じていたら、もと来た道を帰ろう。

縦走コースは、登下降しながら蔦岩山(つたいわやま)へ。頂上を過ぎ、再び登下降を繰り返す。細尾根や滑りやすい場所はスリップに注意。武川岳から約1時間20分で❺焼山(やけやま)に到着。武甲山を眺めながらお昼タイムにしよう。

焼山からは岩場を下り、さらにアップダウンを繰り返す。やっと着いたと思った❻二子山は、実は雄岳と雌岳の双耳峰(そうじほう)。雌岳へ登り直してピークを踏もう。

雌岳からの下りは、尾根を歩く道と、沢を歩く道の2つある。右へ急降下していくと兵ノ沢沿いの道となる。沢筋から離れ山道を歩くようになると終点は近い。線路下のガードをくぐって❼芦ヶ久保駅に着く。

樹間から深い緑に包まれた武川岳を望む

course guide

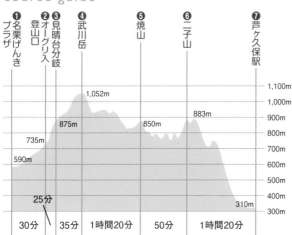

❶ 名栗げんき プラザ
❷ オーグリ入 登山口
❸ 見晴台分岐
❹ 武川岳
❺ 焼山
❻ 二子山
❼ 芦ケ久保駅

1,052m
875m
735m
590m
850m
883m
310m

1,100m
1,000m
900m
800m
700m
600m
500m
400m
300m

25分

| 30分 | 35分 | 1時間20分 | 50分 | 1時間20分 |

武川岳〜二子山縦走は 山あり谷あり体力増強

　関東のハイカーから、西武線で気軽に行けることで人気の奥武蔵。武川岳の往復だけなら手軽に登れるが、この武川岳〜焼山〜二子山の縦走コースは、標高は低いけれどもひたすらアップダウンがつづくロングコース。とはいえ、特に危険な場所があるわけではないので、体調が悪い以外は問題なし。体力をつけるためのおすすめコースだ。

course information

トイレ／芦ケ久保駅、名栗げんきプラザにある。
買い出し／芦ケ久保駅前に「道の駅 果樹公園あしがくぼ」があるが、朝早くは開いていないので準備を。
水場／二子山雌岳から下った兵ノ沢沿いにある。
飲食店／「道の駅 果樹公園あしがくぼ」に食堂。11時〜16時まで。
季節／年間通じて登れる。冬期の縦走コースは経験者同行が望ましい。アイゼンか軽アイゼン必要。

course map

⑦芦ヶ久保駅

横瀬へ

飯能へ

浅間神社⛩

西武秩父線

芦ヶ久保

かなりの急降下

N

0　　　　1km

雌岳

⑥二子山

雄岳
883

▲甲仁田山

横瀬町

0:50

正丸峠へ

焼山⑤
850

二子山入口

尾根では
スリップに注意

1:20

鳶岩山

正丸峠へ

見晴台

見晴台分岐③

名栗げんきプラザ

0:35

0:25

①

P

武川岳④
1052

0:30

②

オーグリ入出合

カタクリの花が見られる

前武川岳▲
1003

オーグリ入
登山口

山伏峠へ

access&tel

行き：池袋駅から西武池袋線の急行
（約45分）で飯能駅、西武秩父線に乗
り換え（約35分）で芦ヶ久保駅へ。駅
前に常駐タクシーはなく、飯能駅で
乗り換え時に電話で呼んでおくとい
い。

帰り：芦ヶ久保駅から往路戻る。

クルマ：関越自動車道・花園IC、また
は圏央道・狭山日高ICより国道299
号、正丸トンネル秩父側の信号を名

栗、青梅方面へ曲り（約4km）で名栗
げんきプラザ無料駐車場。利用の際
はプラザ事務所にひと声かけて。こ
こから武川岳への往復となる。

問い合わせ先

横瀬町観光協会 ☎0494-25-0450
名栗げんきプラザ ☎042-979-1011
秩父丸通タクシー ☎0120-02-3633

立ち寄り温泉 ♨

秩父湯元
武甲温泉

　芦ヶ久保駅の隣、横
瀬駅から徒歩約10分の
ところにある日帰り温泉。
開放的な露天風呂や美
肌効果があるといわれる
炭酸泉、ジェットバスもあ
る。休憩室、食事処も併
設。入浴料は平日700円、
土日祝900円。🕙10時
〜22時。㊡無休。
☎0494-25-5151

旬の見どころ 🌸

「空木」「卯の花」と
呼ばれるウツギ

　オーグリ入登山口あた
りで、5月〜6月に見られ
るウツギ。細長い花弁を
つけ白く品よく咲き誇る。
茎が中空のため「空木
（うつぎ）」と呼ばれ、卯月
（旧暦4月）に咲くので
「卯の花（うのはな）」と
も呼ばれる。丸い花弁の
ガクウツギもある。

ステップアップコース

一泊二日のコース

関東以北で高さNo.1の天空峰にチャレンジ!

日光白根山

nikkoushiranesan

●にっこうしらねさん
●栃木県・群馬県　●日帰り

標高
2,578m

歩行時間：5時間10分／歩行距離：約6.5km／最大標高差：約628m

guide
1

山頂駅からシラビソの森や 湿原を訪ね最高峰に到達

　日光白根山ロープウェイ**❶山頂駅**で降りると、そこは標高2,000メートル。展望を楽しみながら足湯につかる観光客を横目に、登山ポストの脇から山道へ歩き出そう。

　すぐに二荒山神社(ふたらさん)があり、しばらくシラビソなど針葉樹の林を行く。途中で六地蔵、不動岩、血ノ池地獄への3つの分岐を見送って進んでいくと、登りがきつくなってくる。

　日光白根山が姿を見せると大日如来と出合い、まもなく**❷七色平 南 分岐**(なないろだいらみなみ)に着く。

左へ行くと七色平避難小屋と、高山植物の咲く小さな湿原があるので寄っていこう。

　分岐に戻って進むと、ダケカンバの明るい森になる。しばらくすると君待岩(きみまちいわ)を経由する分岐があるが、落石が多くて通行禁止。そのまま南面から登る道を進もう。樹林帯を抜け、砂れきの道を一気に登ると、やがて草原帯に。ひとふんばりして内輪尾根を進むと、奥白根神社のある南峰。一度急降下して登り返すと、**❸日光白根山**に登頂。

1.山頂の道標。なんといっても2,500メートル超えの山なので、天候が急変したら避難小屋を目指そう　2.ロープウェイ山頂駅から見た午後の日差しを浴びる日光白根山　3.やさしいお顔の大日如来　4.標高が高いため紅葉が早く、山上は例年なら9月下旬、山腹は10月上旬から　5.山頂駅からすぐの二荒山神社

guide 2

神秘の池や火口をめぐり 天空の足湯でホッとひと息

山頂からは五色沼を見下ろせ、男体山と中禅寺湖、日光連山に遠く富士山も見える。せまいので少し下りた台地で昼食を。

下山は弥陀ヶ池方面へ。切り立った岩の間を抜けると道は急降下。落石やスリップに注意して進もう。ゆるやかになってくるとシャクナゲの群落があり、ダケカンバの林を抜けると座禅山との鞍部。右へ下れば❹弥陀ヶ池に着く。湖面に映る日光白根山をゆっくり鑑賞しよう。

鞍部に戻ったら、右の座禅山までゆるやかに登る。シラビソの森を進むと右手に座禅山の火口が見える。樹林の中を下るとやがて❺七色平北分岐、ここは右へ進む。

そこから血ノ池地獄への分岐、さらに自然散策コースとゴンドラ駅への分岐を過ぎると、6つの祠に地蔵が祀られた❻六地蔵に着く。お参りして進むとスキー場の展望台に出る。左へゆるやかに上っていくと❶山頂駅。「天空の足湯」へ直行しよう。

89

course map

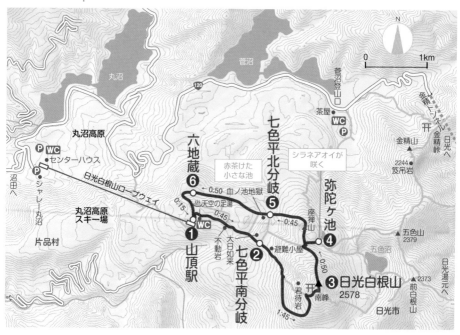

course guide

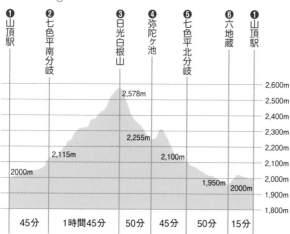

❶山頂駅	❷七色平南分岐	❸日光白根山	❹弥陀ヶ池	❺七色平北分岐	❻六地蔵	❶山頂駅
		2,578m				
			2,255m			
	2,115m			2,100m		
2000m					1,950m	2000m
45分	1時間45分	50分	45分	50分	15分	

(elevation scale: 2,600m / 2,500m / 2,400m / 2,300m / 2,200m / 2,100m / 2,000m / 1,900m / 1,800m)

スタートは2,000m地点
池や火口をめぐり天界散歩

　男体山、女峰山などからなる日光火山群の主峰で、ふさわしい大展望が広がる。菅沼や日光湯元からも登れるが、丸沼高原からロープウェイを利用するこのコースは、最短で山頂に立てることで人気。山頂一帯は岩壁など荒々しい景観、中腹は豊かな森林、幻想的な火口湖や小湿原。高山植物も種類がいっぱい、温泉もあり言うことなし。

course information

トイレ／ロープウェイ山頂駅。
買い出し／ロープウェイ山麓駅のセンターハウスに売店があるが、事前の準備を。
飲食店／山麓駅のセンターハウスにレストラン「プラトー」、丸沼高原スキー場入口に十割そばの「高原の駅丸沼」。
季節／冬期は冬山装備が必要。山頂駅から自然散策コースのスノーシュー・トレッキングも人気。

90

山頂から見下ろす五色沼。四方を山に囲まれた美しい堰止湖（せきとめこ）だ

立ち寄り温泉

「座禅温泉」
「天空の足湯」

　ロープウェイ山麓駅センターハウスに日帰り入浴施設「座禅温泉」がある。ロープウェイ往復とセットになった「得々パック」（2,400円）もあるので、帰りに寄るのもいい。山頂駅の「天空の足湯」は無料で、5月下旬～10月中旬の期間限定。㊓10時～16時（天候により変動あり）。
☎0278-58-2211

天空の足湯

旬の見どころ

日光白根山の名がついた
うす紫色のシラネアオイ

　日本固有種の深山植物シラネアオイは、「日光白根山に多く自生し、タチアオイに似ている」ことからこの名がついた。茎の先端にうす紫色の5センチほどの花をポンとつける。このコースでは6月中旬～7月初旬に座禅山東斜面などで見られ、山頂駅ロックガーデンでも育てられている。

access&tel

行き：上野駅からJR上越線特急（約125分）で沼田駅へ。駅前から関越交通バス（約65分）で鎌田バス停、乗り換え（約20分）で丸沼高原バス停下車。日光白根山ロープウェイ山麓駅より（約15分）で山頂駅へ。
※JR上越新幹線の上毛高原駅からもバスが出るが、公共交通機関利用時は、旅館・民宿・ペンションで前夜泊がおすすめ。
帰り：往路を戻る。

クルマ：関越自動車道・沼田ICより、国道120号を日光方面（約42km）で丸沼高原スキー場の無料駐車場へ。約2,200台。

問い合わせ先

片品村観光協会 ☎0278-58-3222
丸沼高原総合案内 日光白根山ロープウェイ ☎0278-58-2211
関越交通バス 沼田営業所
☎0278-23-1111

春にはヤマザクラ咲く展望の頂へ

鍋割山

nabewariyama

●なべわりやま　●神奈川県　●日帰り

標高
1,272m

歩行時間：6時間35分／歩行距離：約15.5km／最大標高差：約982m

guide
1

大倉から林道を歩き鍋割山を目指す

　本コースは標高差が大きく、行動時間も長い。早めの出発を心がけたい。鍋割山へはいくつかのルートがあるが、ここではある程度登山に慣れてきた人向けに、健脚向けコースを紹介する。

　❶大倉バス停から道を横切り、「鍋割山・二俣（ふたまた）」の案内表示にしたがって車道に進む。民家と畑を抜けて西山林道へ。四十八瀬川に沿って、しばらくゆるやかな上りの林道歩きとなる。

　堀山方面との分岐になる**❷二俣**で、左の沢沿いの道を進む。勘七沢を渡り、少し先で小丸尾根への分岐となる。どちらからでも鍋割山に通じるが、本コースは沢沿いの道をさらに進むことにする。沢から離れ、右の樹林帯を上がっていくと涸れ沢に出る。急な斜面を上がりきると、尾根上の鞍部、後沢乗越（うしろざわのっこし）に着く。やせた尾根を右に進み、尾根伝いにひたすら上がっていくと小屋が正面に見えてくる。鍋割山は近い。

1.後沢乗越から山頂を目指す　2.鍋割山荘が見えたら、山頂は近い　3.鍋割峠からアップダウンを繰り返す　4.沢を繰り返し渡りながら下っていく　5.鍋焼うどんが名物の鍋割山荘

guide 2 展望の鍋割山から変化に富んだ沢コースへ

❸鍋割山の山頂は開けて明るい雰囲気。西側の眺めがいい。草地では登山者が敷物を広げ思い思いに休憩をとっている。裾野を大きく広げた富士山を見ながら、昼食としよう。

次は鍋割峠に向けて出発。もし体力的、時間的に余裕がなければ来た道を戻るか、または東に続く稜線から小丸経由で大倉に戻ってもいい。ここでは西側の稜線を進むことにする。鍋割峠まではかなり急な下り

が続くので慎重に下りたい。鍋割峠からは雨山峠を目指し、やせた尾根を進む。両側が切れ落ちているので、ゆっくり歩こう。小ピークから急な登山道を下っていくと十字路の❹雨山峠（あめやまとうげ）に出る。

ここは寄バス停方面へ進む。春にはヤマザクラが沢沿いの斜面に咲いて美しい。樹木の花を観察しながら何度も沢を渡る。下っていくと、突然林道に出る。❺稲郷（いなごう）を経て林道を歩けば❻寄バス停だ。

山頂の草地からは正面に富士山が見える

course guide

❶ 大倉バス停

❷ 二俣

❸ 鍋割山

❹ 雨山峠

❺ 稲郷

❻ 寄バス停

1,272m

950m

530m

400m

310m

290m

1,600m
1,400m
1,200m
1,000m
800m
600m
400m
200m
0m

| 1時間20分 | 2時間 | 1時間15分 | 1時間30分 | 30分 |

変化に富んだ健脚向きのコースで鍋割山へ

　大山、塔ノ岳に続く丹沢の盟峰、鍋割山。山頂からは富士山を望め、山頂に山小屋もあって人気の山だ。春はヤマザクラとミツバツツジ、秋は紅葉と季節ごとに楽しめる。春先は様々な植物が花を咲かせ、春の気分を満喫できる。本コースはアップダウンのある健脚向けコース。やせた尾根を通過したり、沢を渡る。足元に注意して登りたい。

course information

トイレ／大倉、鍋割山山頂、寄に出る林道途中にある。
買い出し／渋沢駅に小田急OXスーパーがある。駅から徒歩2〜5分以内にコンビニが数軒ある。
飲食店／大倉、渋沢駅、松田駅に

多数ある。
水場／大倉で水をくんでおいたほうがいい。コース途中ではミズヒ沢出合で水がくめる。
季節／春と秋がおすすめ。冬は積雪状況に応じた装備が必要。

94

course map

立ち寄りグルメ

鍋割山荘
名物の鍋焼うどん

土鍋にたっぷりの具。熱々の状態で食べられるのが、鍋割山荘の名物、鍋焼うどん（1,500円）だ。小屋で注文をしたら、自分で鍋を運んで展望のいい広場で食べる。たまごのほか揚げ玉や野菜などの具がたっぷりでボリュームも満点。お試しあれ。☎0463-87-3298

ステップアップコース

一泊二日のコース

旬の見どころ

山が薄いピンクに
染まるヤマザクラ

麓の桜が咲き終わったころ、山ではヤマザクラが斜面をピンク色に染める。花は小ぶりで、色は白に近い薄ピンク。鍋割山周辺はヤマザクラのほかキブシやアセビ、ミツバツツジの花が咲き、春爛漫の装いとなる。4月からGWまでがおすすめ。

access&tel

行き：小田急線渋沢駅から神奈川中央交通バス（約15分）で終点大倉バス停下車。
帰り：寄バス停から富士急湘南バス（約25分）で小田急線新松田駅へ。

クルマ：東名高速道路・秦野中井ICより県道705号経由約40分で大倉へ。県立秦野戸川公園に大駐車場があるが、大倉から先の西山林道二俣まで車で入れる。マイカーの場合は往復

コースとなる。

問い合わせ先
秦野市観光振興課 ☎0463-82-5111
松田町観光経済課 ☎0465-83-1221
神奈川中央交通バス秦野営業所
☎0463-81-1803
富士急湘南バス新松田営業所
☎0465-82-1364

手軽に登れる3,000メートルに近いアルプスの名峰
木曽駒ヶ岳

kisokomagatake

●きそこまがたけ
●長野県 ●1泊2日

標高
2,956m

歩行時間：3時間10分／歩行距離：約4.0km／最大標高差：約344m

guide 1
千畳敷カールから
稜線の乗越浄土へ

　中央アルプスの木曽駒ヶ岳へは駒ヶ岳ロープウェイを利用すれば日帰り登山も可能。しかし木曽駒ヶ岳周辺には数軒の山小屋が建ち、キャンプ指定地もあるので、余裕があればぜひ山中で1泊してみてほしい。朝、雲上に顔を出す太陽を眺めて、高山植物の宝庫である千畳敷カールをのんびりお散歩。山中泊デビューの登山者におすすめだ。

　ロープウェイの山頂、❶千畳敷駅で降りたらホテル千畳敷の横から外に出る。外は

もう標高2,600メートル以上の花の楽園。カール状の地形と前方にそびえる宝剣岳の山容が、アルプス気分を盛り上げてくれるだろう。7月から8月なら可憐な高山植物が、10月なら紅葉した木々が訪れる人を魅了する。準備を整えたら稜線に向かって上がっていく登山道へ進む。

　お花畑を過ぎると、徐々に高度が上がっていく。登山道は次第に急登となり、登りきったところが乗越浄土だ。

1.乗越浄土を目指して岩稜帯を登る　2.天狗荘と中岳方面を眺める　3.広々とした山頂の木曽駒ヶ岳　4.余裕があれば千畳敷の剣ヶ池にも寄ってみたい　5.高山植物の宝庫、千畳敷カール。ここまでは観光客でいっぱい

guide 2　なだらかな稜線歩きで 木曽駒ヶ岳山頂へ

　乗越浄土は尾根上の平坦な場所にあり、右は伊那前岳へとつづいている。ここは左へ進み、❷宝剣山荘の前で休憩しよう。

　宝剣岳への道を分けて、右に進む。コマクサの咲く天狗荘の先で、道は分岐になる。左は中岳をトラバース※する道なので、ここでは右に進み、❸中岳山頂へ。山頂からは初めて木曽駒ヶ岳を望むことができる。

　中岳から頂上山荘の建つ鞍部※へと下り、木曽駒ヶ岳へ向けてゆるやかに登り返す。

　山頂直下の急坂を登れば360度の展望が広がる中央アルプスの最高峰、❹木曽駒ヶ岳に到着。標高2,956メートルの広々とした山頂で、展望を満喫したい。

　今夜は木曽駒ヶ岳の「頂上木曽小屋」に宿泊し、満天の星空を鑑賞、翌朝のご来光を心待ちに眠りにつくとする。翌朝、往路を戻り、千畳敷カールを下る。

　時間に余裕があれば、剣ヶ池を回るコースで❶千畳敷駅に戻る。

※トラバース＝山の斜面をほぼ水平方向に横断すること。　※鞍部＝稜線上の凹地のこと。単に窪んだ部分のことも言う（コル）。

course map

course guide

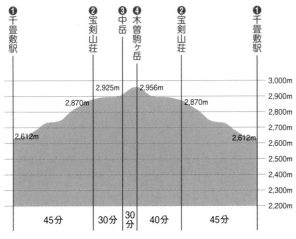

花の楽園、千畳敷カールと 中央アルプスの名峰へ

　中央アルプスの最高峰、木曽駒ヶ岳は、ロープウェイを利用することで、誰でも気軽に登れる山だ。しかし標高は3,000メートルに近く、秋の早い時期に雪が降る可能性もあるので、きちんと登山の準備を整えて登らなければならない。宝剣岳は鎖やロープの連続する岩稜歩きが中心なので、山歩きに慣れてから挑戦してみたい。

course information

トイレ／駒ヶ根駅、菅の台バスセンター、しらび平駅、千畳敷駅、各山小屋にある。
買い出し／駒ヶ根駅周辺にスーパーマーケット数軒あり。マイカーの場合、駒ヶ根ICから駒ヶ根高原ま

でコンビニはない。インターの東側、駅に向かう途中にある。
飲食店／駅前、駒ヶ根高原、千畳敷駅構内にある。
おみやげ／駒ヶ根高原、千畳敷駅構内などで購入できる。

雲海と朝陽に染まる山々

山小屋情報

山頂直下の
頂上木曽小屋

　山頂直下の「頂上木曽小屋」は、頂上直下に建ち展望バツグン。朝はご来光、御嶽山に沈む夕陽、夜は星空の散策。また小屋のまわりには、コマクサ、クロユリ、チシマギキョウなどの高山植物が咲き誇る。1泊2食8,000円。営業期間はゴールデンウィーク、6月上旬～10月中旬頃まで。☎0264-52-3882

旬の見どころ

冠がトレードマーク
コイワカガミ

　千畳敷カールと駒ヶ岳周辺は高山植物の宝庫。雪解けの6月下旬から8月中旬まで、色とりどりの高山植物が咲き誇る風景はまさに圧巻。約200種類もの高山植物を見ることができる。写真はコイワカガミ。鮮やかなピンクの冠のような形状の花は、7月が見ごろ。

一泊二日のコース

access&tel

行き：JR飯田線駒ヶ根駅から伊那バス・中央アルプス観光バス（約50分）でしらび平駅へ。駒ヶ岳ロープウェイを利用して約8分で、千畳敷駅へ。
帰り：往路を戻る。

クルマ：中央自動車道・駒ヶ根ICより県道75号経由約2kmで菅の台バスセンター駐車場へ。黒川平からマイカーの進入は禁止。路線バスに乗り換えて約40分、しらび平駅へ。ロープウェイ利用で千畳敷駅へ。

問い合わせ先

駒ヶ根市役所 ☎0265-83-2111
伊那バス ☎0265-83-4115
中央アルプス観光 ☎0265-83-3107

99

金峰山小屋からの眺め。八ヶ岳方面に陽が沈む

高原の廻り目平から岩稜の金峰山へ
金峰山

kinpusan

●きんぷうさん　●長野県・山梨県　●1泊2日

標高
2,599m

歩行時間：9時間40分／歩行距離：約14.0km／最大標高差：約1,229m

guide 1

廻り目平キャンプ場から
中ノ沢出合へ

　JR小海線の信濃川上駅から川上村営バスで、終点の❶川端下バス停へ。そのまま林道をまっすぐに進む。廻り目平で右の林道に入り、ゆるやかに上っていくと❷金峰山荘に到着。人数が揃えば、ここまでタクシーで入ることもできる。廻り目平キャンプ場は、日本でも有数の美しいロケーション。岩壁と白樺と木々の緑が見事にマッチし、思わずのんびり過ごしたくなる。

　西股沢に沿ったキャンプ場内の遊歩道を進む。傾斜のない平坦な道がしばらく続くが、沢の対岸の景色や足元に咲く花を見ながらのんびり歩きたい。途中にはクライミングのできる岩場を通過する。

　案内板のある❸中ノ沢出合が金峰山への登山口だ。ここから本格的な山歩きとなる。小休止して、沢の水を水筒に入れてから出発しよう。砂洗沢を渡って、山の中に入っていく。沢地形に作られた登山道をしばらく進んでいく。

1.廻り目平キャンプ場からの林道は草木が美しい　2.金峰山小屋から山頂に向けて出発　3.沢を渡ったら針葉樹林の中の登山道になる　4.金峰山直下にある金峰山小屋に宿泊　5.古くから親しまれてきたルートで金峰山へ

guide 2　金峰山小屋に1泊して 五丈石のある金峰山へ

　針葉樹林の森を進むと、かなりの急登となる。支尾根に上がり、やがて主尾根に出る。傾斜はいったんゆるくなるが、また急登となり、樹林を上がりきると❹金峰山小屋（きんぽうさんごや）の下に出る。今夜は「金峰山小屋」で1泊することにする。なお小屋は予約制なので、事前に予約をしておきたい。小屋横にある広場から八ヶ岳の眺めを楽しもう。

　翌朝、小屋裏から標識にしたがって斜面を上がっていく。小屋から20分ほどの登り

で❺金峰山山頂に着く。金峰山は奥秩父第二の高峰だ。天気が良ければ山頂からは360度の眺めを楽しめる。次は金峰山のシンボル、五丈石へ。

　山頂から西側へ少し下った平坦地に五丈石がある。いくつかの大きな岩が積み重なり、高さは15メートルほど。五丈石の先には三角錐のピーク、砂払ノ頭（すなばらいのあたま）とさらにその先には鋭い岩峰が特徴的な瑞牆山（みずがきやま）が見える。往路を戻って下山する。

金峰山のシンボル、五丈石は高さ15メートル

course guide

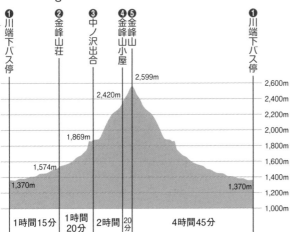

❶ 川端下バス停
❷ 金峰山荘
❸ 中ノ沢出合
❹❺ 金峰山小屋
❹❺ 金峰山
❶ 川端下バス停

2,599m
2,420m
1,869m
1,574m
1,370m
1,370m

2,600m
2,400m
2,200m
2,000m
1,800m
1,600m
1,400m
1,200m
1,000m

1時間15分 | 1時間20分 | 2時間 | 20分 | 4時間45分

奥秩父の展望台、金峰山へ長野県側から登る

　奥秩父山域の西端に位置する金峰山。古くは蔵王権現をまつる信仰の山で、金峰山川西股沢をたどる本コースは、修験道として歩かれていた。登山口には山荘とキャンプ場があり、また山頂直下に山小屋もあるので安心して歩ける。山頂からは秩父、北・南・中央アルプス、富士山、浅間山と展望も期待できる。

course information

トイレ／廻り目平キャンプ場、金峰山小屋にある。
買い出し／川上村にスーパーがあるので、マイカーなら買い出し可能。電車・バス利用の場合は事前に準備しておきたい。

飲食店／金峰山小屋でうどんやそば、おでんなどの昼食がとれる。
水場／廻り目平キャンプ場、中ノ沢出合。金峰山小屋で飲料水を販売している。
季節／6月から10月が適期。

course map

N

0　　　1km

- 川端下バス停 ❶
- 金峰山神社 卍 WC
- 金峰山川
- 車道歩き。クルマに注意
- 岩根山荘
- 武蔵野市少年自然の村
- 1:15 ／ 1:05
- ▲小川山 2418
- カラ沢
- 唐沢ノ滝
- ❷ 金峰山荘 WC
- 弘法岩
- 廻り目平ふれあいの森
- 沢沿いの遊歩道を歩く
- ←1:20
- 1:00
- 後久保沢
- 沢を渡って山の中へ
- 中ノ沢出合 ❸
- 八丁平
- ↑2:00
- 1:25 ↑
- 急な上り
- WC ❹ 金峰山小屋
- 朝日岳 2579
- ▲砂払ノ頭
- 0:20 / 0:15
- 五丈石
- ❺ 金峰山 鉄山 2531
- 2599

access&tel

行き：JR中央本線小淵沢駅または長野新幹線佐久平駅から小海線に乗り換え、信濃川上駅下車。川上村営バス（約40分）で終点の川端下へ。
帰り：往路を戻る。

クルマ：中央自動車道・須玉ICより国道141号、南牧村野辺山経由で川上村へ。廻り目平キャンプ場、金峰山荘の駐車場を利用する。廻り目平キャ

ンプ場は例年4月下旬から11月下旬までの営業予定。

問い合わせ先

川上村役場 ☎0267-97-2121
金峰山荘 ☎0267-99-2428

山小屋情報

おいしい食事が自慢 金峰山小屋

　金峰山山頂から北へ下りた場所にある。小屋の横の広場から八ヶ岳方面の眺めがいい。食事が自慢の山小屋で、夜は満天の星空も。営業は4月末から11月末、年末年始。宿泊は要予約。トイレ用に紙を持参すること。1泊2食8,500円。☎0267-99-2030

旬の見どころ

登山道に咲き乱れる 春の妖精、スミレ

　廻り目平から続く遊歩道は季節の花々が目を楽しませてくれる。足元にはスミレの群落が、頭上にはシャクナゲの花が咲き誇る。スミレの花は5枚の花びらからなり、1枚だけ下側の花びらが大きいのが特徴。花の季節にぜひ訪れたい。

一泊二日のコース

東京都最高峰へ三峯神社から目指す

雲取山

kumotoriyama

●くもとりやま　●東京都・埼玉県・山梨県
●1泊2日

歩行時間：9時間30分／歩行距離：約22.0km／最大標高差：約1,487m

標高
2,017m

guide 1

三峯神社から白岩山へ
山頂手前の雲取山荘で1泊

　西武秩父駅から急行バスで1時間15分。終点の**❶三峯神社バス停**で降りると大きな駐車場に到着。中央の階段を上がり駐車場のひとつ上の道に出る。歴史ある三峯神社は左へ、雲取山への登山口は右に進む。

　杉に囲まれた山の中へ入っていく。奥宮のある妙法ヶ岳への分岐と、かつての炭焼き跡が残る炭焼平を過ぎると、ミズナラやカエデの森になる。明るい原生林の中を上がっていくと**❷霧藻ヶ峰**に着く。休憩舎前

のベンチでひと息ついていこう。

　霧藻ヶ峰からお清平の鞍部まで下ると、やせた尾根の急坂が始まる。前白岩山を越え、急登すると無人の小屋があり、少し先が白岩山の山頂だ。見事な原生林の森をさらに進むと、道は大きく下り、大ダワと呼ばれる鞍部に着く。ここで男坂と女坂に分かれるが、どちらを歩いても時間はさほど変わらない。最後のひと登りで、今回宿泊する**❸雲取山荘**に到着だ。

1.木漏れ日のなか列をなす登山者　2.明るい石尾根で前方に富士山を見ながら下る　3.紅葉まつりが開催される三峯神社　4.前白岩山頂に到着　5.こんもりとした七ツ石山頂

 guide 2

ご来光を見に早めに出発
雄大な展望を楽しんで下山

　小屋から❹雲取山山頂までは30分ほどの上りなので、日の出の時刻を確認して準備。歩き出すときはまだ暗いので、ヘッドランプも忘れずに持参したい。

　山頂はご来光を待つ登山者でいっぱいだ。雲の切れ間から太陽が顔をのぞかせると、山々は赤色に染まっていく。感動的な瞬間だ。小雲取山を過ぎ、富士山の展望を楽しみながら下っていくと奥多摩小屋に着く。広い平坦な場所にはテント場とベンチがある。

ここで小休止してから進もう。

　明るく開けた尾根道をさらに進んでいくと、目の前が急坂となる。これが❺七ッ石山への登りだ。もうひと頑張りで山頂へ上がり、振り返ると雲取山が見える。

　七ッ石小屋を過ぎると登山道は樹林の中の道となる。ゆるやかに下っていくと、コンクリートの道に飛び出る。小袖乗越から遊歩道を下り、❻鴨沢バス停に出る。バスに乗り奥多摩駅に向かう。

早朝には雲海と富士の美しい姿が望める

course guide

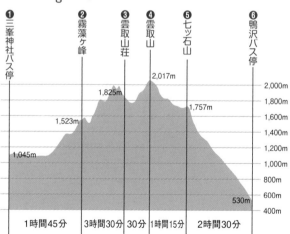

❶ 三峯神社バス停
❷ 霧藻ヶ峰
❸ 雲取山荘
❹ 雲取山
❺ 七ッ石山
❻ 鴨沢バス停

2,017m
1,825m
1,757m
1,523m
1,045m
530m

2,000m
1,800m
1,600m
1,400m
1,200m
1,000m
800m
600m
400m

1時間45分　3時間30分　30分　1時間15分　2時間30分

原生林の美しい秩父側から東京都の最高峰を目指す

　東京都の最高峰で抜群の展望を誇る雲取山。誰もが一度は登ってみたいと思う人気の山だ。山頂周辺には快適な山小屋もある。山中に1泊して、山頂からご来光を望む瞬間はとても感動的。ここでは原生林が美しい秩父側から登り、雲取山荘に1泊して奥多摩側へと下るロング縦走コースを紹介。充実感たっぷりの山行になるだろう。

course information

トイレ／三峯神社バス停、霧藻ヶ峰、雲取山荘、七ッ石小屋、鴨沢バス停にある。
買い出し／三峯神社バス停は山のなか。事前に準備しておきたい。
飲食店／霧藻ヶ峰休憩所、七ッ石小屋で軽食は可能。奥多摩駅前に多数ある。
おみやげ／雲取山荘、七ッ石小屋、奥多摩駅で購入できる。
水場／秩父側に水場はない。事前に用意しておきたい。

course map

三峰公園キャンプ場
大輪
登竜橋
140
三峰山山頂
①三峯神社バス停
WC 卍三峯神社
P ・三峰山博物館
三峰ビジター
センター
妙法ヶ岳
1329
妙法ヶ岳
分岐
炭焼平
↑1:45
霧藻ヶ峰② ──── 秩父宮両殿下の
WC   レリーフがある
お清平
見返り地蔵
前白岩の肩
前白岩山 長沢山 長沢背稜
1776 1738
白岩小屋
白岩山 桂谷ノ頭
1921 1708
岩場あり。
↑3:30 足元に注意
芋ノ木ドッケ
大ダワ
雲取山荘③🏠 WC 奥多摩町
雲取山④ ↓0:30
2017
小雲取山
防火帯の
明るい尾根 野陣尾根 日原川
奥多摩小屋
(閉鎖)
↑1:15 高丸山 石尾根
七ツ石小屋 1733
七ツ石山⑤ WC
卍七ツ石神社
樹林の中を
歩く 堂所 赤指尾根
↑2:30
鴨沢バス停⑥
P
WC
N
0 2km

一泊二日のコース

雲上のお花畑を求めて白馬大池へ

白馬乗鞍岳

hakubanorikuradake

●はくばのりくらだけ
●長野県 ●1泊2日

標高
2,436m

歩行時間：5時間50分／歩行距離：約8.0km／最大標高差：約606m

guide
1

栂池自然園から
湿原の天狗原へ

　栂池高原でバスを降りたら、夏でも営業しているスキー場のゴンドラを利用して**❶自然園駅**へ。ゴンドラからは白馬岳や後立山連峰が見えて心躍る。自然園駅から右手にある舗装された道を上がっていくと、すぐに栂池自然園入口に着く。

　栂池自然園は高層湿原のなかに遊歩道が整備されており、気軽に高山植物や樹木を鑑賞できる。季節に応じて水芭蕉やキヌガサソウ、ワタスゲなど様々な植物が咲き誇る。

　1日目の行程に余裕があれば先に、または翌日の下山後にぜひ立ち寄ってみてほしい。散策時間は1時間から3時間くらいだ。

　栂池ビジターセンター横にある白馬岳登山口からスタート。すぐに急登となる。トップシーズンは混雑するが、あせらず登っていこう。急斜面につけられた登山道をジグザグに上がり、傾斜がゆるくなったところで水場に出る。銀冷水と呼ばれる水場で喉を潤し、ハイマツ帯を通って**❷天狗原**へ。

1.栂池自然園の散策路。高山植物が豊富にある　2.栂池自然園に咲くミズバショウ　3.雪田が残る乗鞍岳。この雪田を越えなければならない　4.乗鞍岳から白馬大池に向かう登山者　5.大池周辺に群生するハクサンコザクラ

guide 2　遅くまで残る雪田を越え　花の咲く白馬大池へ

　正面に立ちはだかる山が乗鞍岳だ。かなり遅い時期まで雪田が残っている。乗鞍岳山頂に立つには、その雪田を越えなければならない。シーズン初めは雪の量が多く、本コース中で最難の場所ともいえる。

　天狗原から急斜面に取り付く。灌木帯（かんぼくたい）を抜け、雪田が残る急登を、ステップをきりながら一歩一歩着実に登っていく。なお雪田上では休憩をとらず、雪の切れた場所で休むようにしよう。

　平坦な場所に出ると、そこは❸乗鞍岳の東端だ。広々とした山頂は岩まじりのハイマツ帯で、中心部に大きなケルン※がある。ケルンの近くで小休止。前方には雪のついた小蓮華山（これんげさん）が見える。

　ハイマツ帯の中を石伝いに進み、白馬大池を目指して下っていく。池畔まで下りたら、池に沿って反時計回りに歩く。じきに赤い屋根の❹白馬大池山荘に到着。今回は「白馬大池山荘」に泊まり、翌日、往路を戻る。

ケルン＝山頂などを示すために小石を円錐型に積んだもの。

course map

岩伝いに進む

山ノ神尾根

乗鞍岳
③ 2436

天狗原
②

銀冷水
中ノ原

④ 白馬大池山荘
WC 白馬大池

←0:30
0:40→
←1:30
0:40→

大きなケルン

夏の初めは
雪田が残る

急な斜面

←1:20
1:00→

ビジターセンター
栂池山荘
栂池ヒュッテ

① 自然園駅

栂池自然園駅
WC

栂池ロープウェイ

栂池自然園

栂池平

浮島湿原

展望湿原

N

0   1km

栂の森駅

course guide

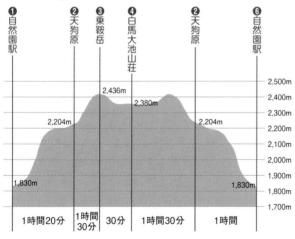

① 自然園駅　② 天狗原　③ 乗鞍岳　④ 白馬大池山荘　② 天狗原　⑥ 自然園駅

2,500m
2,436m
2,400m
2,380m
2,300m
2,204m　2,204m　2,200m
2,100m
2,000m
1,900m
1,830m　1,830m　1,800m
1,700m

1時間20分　1時間30分　30分　1時間30分　1時間

花と雄大な景色が魅力 北アルプスの入門コース

　高層湿原のある栂池自然園までゴンドラを利用できるので、北アルプスのなかでも初心者におすすめのコース。白馬乗鞍岳直下は遅くまで雪田が残り、アルプス気分を満喫できる。また白馬大池周辺は高山植物の宝庫。大きな山小屋があるが、テント山行も人気の場所。本コースでは往路を戻るが、体力と技術に応じて様々なコースが楽しめる。

course information

トイレ／栂池高原、栂池ビジターセンター、栂池自然園、白馬大池山荘にある。
買い出し／栂池高原スキー場でペットボトルは購入できるが、それ以外の食材は持参することをおすすめする。
飲食店／長野駅前、白馬駅前、栂池高原にある。
飲料水／栂池ヒュッテ、浮島湿原（銀命水）、天狗原（銀冷水）、白馬大池山荘で入手できる。

池の北側を歩いて、白馬大池山荘へ

山小屋情報

150人泊まれる
白馬大池山荘

　白馬大池の麓に建つ赤い屋根の山小屋。150人が泊まれる大きな山小屋だが、トップシーズンは混雑する。事前に予約しておくこと。白馬大池へは蓮華温泉からもアプローチでき、白馬岳方面や雪倉岳方面への縦走登山に利用されている。1泊2食10,300円。☎0261-72-2002（白馬館）

旬の見どころ

高山植物の代表
白い花のチングルマ

　7月上旬から8月上旬、高山帯の雪田周辺に咲く。群生するので、一面お花畑となる。本コースでは白馬大池湖畔で見られるが、北アルプスの稜線でよく見かける。花のあとは果穂が羽毛となって飛散する。花言葉は「可憐」。まさに北アルプスを代表する、可憐な白い花。

access&tel

行き：JR大糸線白馬駅からアルピコ交通バス（約30分）、またはJR長野駅からアルピコ交通バス（約90分）特急利用で栂池高原へ。ゴンドラ利用で自然園駅へ。
帰り：往路を戻る。

クルマ：上信越自動車道・長野ICより国道19号、白馬長野オリンピック道路経由（約90分）、または中央自動車道・豊科ICより北アルプスパノラマロード、国道148号線経由（約90分）で栂池高原へ。

問い合わせ先

白馬村役場 ☎0261-72-5000
アルピコ交通白馬営業所
☎0261-72-3155
栂池高原観光協会 ☎0261-83-2515

一泊二日のコース

槍ヶ岳・穂高岳の展望を楽しむ北アルプス入門コース

燕岳

tsubakurodake

●つばくろだけ　●長野県　●1泊2日

歩行時間：8時間10分／歩行距離：約13.0km／最大標高差：約1,308m

標高
2,763m

guide 1 　樹林の中の登山道を上がり第3ベンチへ

車道の終点にある中房温泉に到着したら、❶**中房・燕岳登山口**から山に入っていく。ここから燕岳の南側に突き上げる支尾根をひたすら上がっていくのだが、これが合戦尾根である。合戦尾根にはベンチや売店など、休憩に適した場所がほどよい間隔であり、登りばかりの登山に適度な休息を与えてくれる。

深い樹林の中の急登を、つづら折りに登っていく。大きく左に回り込んで尾根に出て、

傾斜がゆるくなったところが第1ベンチだ。ベンチの右手を少し下ったところに湧き水の水場がある。ここが最終水場になるので、水筒に水を補給しておこう。

樹林の急登をジグザグにさらに上がっていくと、山小屋の荷揚げ用ケーブルの下をくぐる。この先に❷**第2ベンチ**がある。やせた尾根のゆるやかな上りから、コメツガの原生林になると再び傾斜が強くなる。次の休憩場所、第3ベンチに着く。

1.小休止したい第2ベンチ　2.燕山荘から燕岳を目指す　3.山頂付近では燕岳特有の花崗岩がならぶ　4.テント泊も人気の燕山荘　5.小屋前からご来光をのぞむ登山者たち

 guide 2

合戦沢の頭を経て花崗岩の燕岳山頂へ

　第3ベンチから次の富士見ベンチまでが頑張りどころ。ハシゴや階段を使って、どんどん高度を上げていく。標高差約600メートルを登り、富士見ベンチに到着する。富士とは信濃富士と呼ばれる有明山のこと。ベンチに座って、正面に見える有明山を眺めながら休憩したい。

　❸合戦小屋は売店のみの山小屋で、夏の暑い時期には冷えた果物にそそられることだろう。三角点のある合戦の頭を越えると森林限界になり、待ちに待った展望が現れる。餓鬼岳、東沢岳、燕岳、大天井岳と続く主稜線を一望。今までの疲れが吹き飛んでいく。ゆるやかに登りながら進み、お花畑を過ぎれば宿泊する❹燕山荘は近い。

　燕山荘から30分ほどで❺燕岳山頂。花崗岩が作り出した自然美、白い砂と緑のハイマツ、可憐に咲く高山植物と、まさに雲上の楽園。燕岳のハイライトともいえる山岳景観を存分に味わい、往路を戻る。

一泊二日のコース

course map

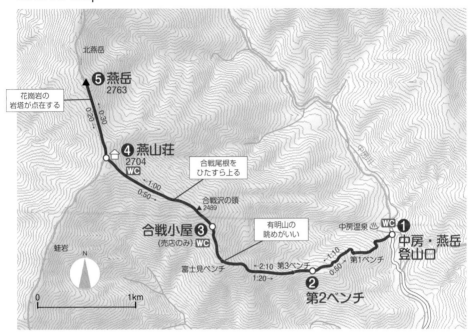

北燕岳

❺ 燕岳 2763

花崗岩の
岩塔が点在する

←0:30
0:20→

❹ 燕山荘 2704 **WC**

合戦尾根を
ひたすら上る

←1:00
0:50→

合戦沢の頭
▲2489

中房温泉 **WC** **❶**

**中房・燕岳
登山口**

合戦小屋 ❸
(売店のみ) **WC**

有明山の
眺めがいい

←1:10
0:50→ 第1ベンチ

蛙岩

N

富士見ベンチ ←2:10 第3ベンチ

1:20→

**❷
第2ベンチ**

0   1km

course guide

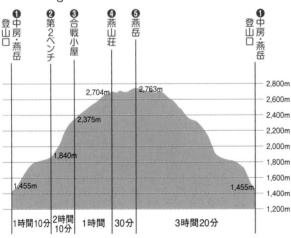

❶ 中房・燕岳登山口
❷ 第2ベンチ
❸ 合戦小屋
❹ 燕山荘
❺ 燕岳
❶ 中房・燕岳登山口

2,704m
2,763m
2,375m
1,840m
1,455m
1,455m

2,800m
2,600m
2,400m
2,200m
2,000m
1,800m
1,600m
1,400m
1,200m

1時間10分 | 2時間10分 | 1時間 | 30分 | 3時間20分

花崗岩が特徴的な燕岳 合戦尾根の往復登山

　山頂部が白い花崗岩と砂れきの燕岳は常念山脈の北部に位置し、槍ヶ岳・穂高・常念岳への縦走路にある。本コースは1泊2日の最短で登るため、合戦尾根を往復して燕岳のみに登ることにする。登山道は整備されており、快適な山小屋もある。初心者でも安心して楽しめる北アルプス入門コースである。

course information

トイレ／中房・燕岳登山口、燕山荘にある。
買い出し／中房温泉は山のなかなので、買い物は事前に済ませておきたい。コンビニは国道147号沿いにある。

飲食店／合戦小屋でうどんやスイカが食べられる。(4月下旬～11月下旬のみ営業予定)
水場／合戦尾根の第1ベンチ先、合戦沢で水がくめる。
季節／7月から10月が登山適期。

迷枴、イルカ岩。悠久の時が造った自然のオブジェに感動。遠く槍ヶ岳が望める

山小屋情報

伝統ある山小屋 燕山荘

　白い花崗岩とハイマツが印象的な燕岳から南へ20分下った稜線に建つ。合戦尾根の往復だけでなく、大天井岳、槍ヶ岳方面への縦走にも使用される。眺望が最高のサンルームでいただくケーキも人気。1泊2食10,500円。営業期間4月下旬から11月下旬、年末年始。☎0263-32-1535

旬の見どころ

高山植物の女王 コマクサ

　高山の稜線付近の砂れき地に咲く。花期は7月から8月。美しい姿と、他の植物が生息できない厳しい環境に生息する強さをあわせもつことから「高山植物の女王」と呼ばれている。群生して花が咲くので見つけやすい。燕岳へ向かう砂れきの急斜面や北燕岳で見られる。

一泊二日のコース

access&tel

行き：JR大糸線穂高駅から安曇観光タクシーと南安タクシーの乗合バス（約55分）で中房・燕岳登山口バス停へ。（例年4月下旬から11月上旬までの季節運行）。穂高駅からタクシー利用の場合は約40分。
帰り：往路を戻る。

クルマ：長野自動車道・豊科ICより国道147号、県道25号、327号経由約27kmで中房温泉登山者専用駐車場へ。駐車場から徒歩15分くらいで登山口。

問い合わせ先

安曇野市穂高支所
☎0263-82-3131
安曇観光タクシー ☎0263-82-3113
南安タクシー ☎0263-72-2855

115

赤岳山頂より文三郎尾根を見下ろす

朝陽を浴びて赤く染まる八ヶ岳の主峰

赤岳
akadake

●あかだけ　●長野県　●1泊2日

歩行時間：8時間45分／歩行距離：約19.5km／最大標高差：約1,409m

標高
2,899m

guide
1

美濃戸口から
南沢経由で行者小屋へ

❶**美濃戸口**から左の細い林道を入っていく。美濃戸まではひたすら林道歩きが続くので、ウォーミングアップのつもりで進んでいこう。

やがて正面に阿弥陀岳が大きく見えてくると、山小屋が3軒並ぶ❷**美濃戸**に到着だ。オフロードに強いマイカーなら、ここまで入れる。

美濃戸で登山道は二手に分かれる。そのまま林道を進む道が赤岳鉱泉に向かう北沢で、途中にある堰堤広場まで林道が続く。右手

の堰堤※を下って沢沿いを進む道が南沢。行者小屋に続いている。今回はこちらの南沢を進むことにする。

堰堤を下りて、沢のなかに入っていく。何度か沢を渡り、沢沿いの深い樹林帯を上がっていくと、いったん水流から離れて急登となる。山腹を巻くように進むと再び沢沿いの大岩がゴロゴロしたところを歩く。沢の左岸に作られた樹林の中の登山道を歩き、平坦な場所に出ると❸**行者小屋**は近い。

※堰堤＝貯水、治水、砂防などの目的で、河川、渓谷を横断してつくられる堤防。

1.南沢の樹林のなかを進む　2.行者小屋に到着　3.地蔵尾根は急な階段の連続　4.地蔵ノ頭に出た。天望荘はもうすぐ　5.赤岳山頂から天望荘、横岳方面を望む

guide 2　地蔵尾根の急登を経て八ヶ岳の最高峰、赤岳へ

　行者小屋まで来ると、前方に赤岳の雄姿が立ちはだかって見える。阿弥陀岳、赤岳、横岳とつづく急峻な山稜を背景に小休止としよう。赤岳へのルートは地蔵尾根と文三郎尾根に分かれる。今回は地蔵尾根を上がり、山頂手前の赤岳天望荘に1泊して、翌日文三郎尾根を下山することにする。

　地蔵尾根へは行者小屋の前から取り付く。稜線までは標高差約350メートル。上部は岩稜帯の気の抜けない上り。出だしは樹林のなかの急登だが、中間で森林限界を越える。鎖や急な階段が連続する岩稜を歩く。主稜線の地蔵ノ頭に出たら右へ進み、ほどなくして❹赤岳天望荘に到着。

　翌朝、赤岳に向けて出発。急な斜面をジグザグに上がっていく。ハイマツと露岩を抜け、赤岳頂上山荘が建つ❺赤岳北峰に到着。赤岳南峰はさらに奥にある。山頂から岩場の下りを通過して、文三郎尾根を下山。行者小屋から来た道を戻り、❶美濃戸口に戻る。

117

course map

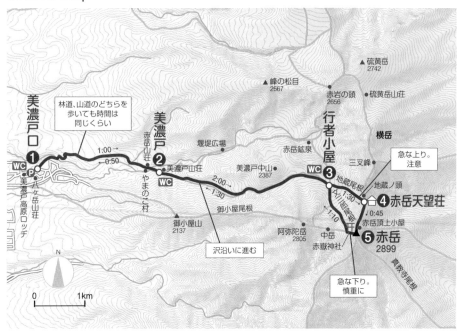

美濃戸口 ❶
林道、山道のどちらを歩いても時間は同じくらい
美濃戸 ❷
硫黄岳 2742
峰の松目 2567
赤岩ノ頭 2656
硫黄岳山荘
行者小屋 ❸
横岳
急な上り。注意
赤岳鉱泉
堰堤広場
美濃戸中山 2387
三叉峰
地蔵尾根
地蔵ノ頭
赤岳天望荘 ❹
赤岳頂上小屋
赤岳 ❺ 2899
沢沿いに進む
御小屋尾根
御小屋山 2137
阿弥陀岳 2805
中岳
赤嶽神社
急な下り。慎重に

1:00 / 0:50
2:00 / 1:30
1:30 / 1:10
0:45

八ヶ岳山荘
美濃戸高原ロッヂ
赤岳山荘
やまのこ村
美濃戸山荘

N 0 1km

course guide

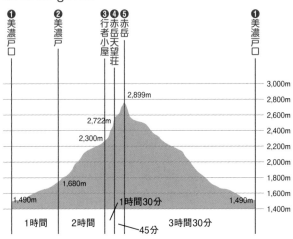

❶美濃戸口　❷美濃戸　❸行者小屋　❹赤岳天望荘　❺赤岳　❶美濃戸口

3,000m
2,899m　2,800m
2,722m　2,600m
2,300m　2,400m
　2,200m
　2,000m
1,680m　1,800m
1,490m　1,600m　1,490m
1時間30分　1,400m

1時間　2時間　45分　3時間30分

急峻な山容が際立つ
八ヶ岳の最高峰

　岩稜の高峰がダイナミックな景観を織りなす南八ヶ岳にあって、最高峰の赤岳。標高は2,899メートルで山頂からは期待を裏切らない展望が広がる。夏季は多様な高山植物が咲き競い、登山者の目を楽しませてくれるだろう。本コースは赤岳だけを目指す往復ルートを紹介する。標高差があるので、無理せず余裕をもった山行計画で登りたい。

course information

トイレ／美濃戸口、美濃戸、行者小屋など各山小屋（山小屋のトイレ使用は有料の場合あり）。
買い出し／茅野駅前にコンビニがある。タクシー、マイカーなら周辺のスーパー、コンビニに立ち寄り可能。
飲食店／茅野駅前、美濃戸口と美濃戸の各山小屋で食べられる。
飲料水／各山小屋で販売している。
季節／6月下旬から10月が無雪期登山の適期。

地蔵尾根の上部。振り返ると行者小屋が見えた

一泊二日のコース

山小屋情報

主稜線に建つ
八ヶ岳 赤岳天望荘

　赤岳と横岳を結ぶ主稜線上の地蔵ノ頭に近い場所にある山小屋。ビュッフェスタイルの夕食が人気。大部屋のほか個室（別途料金必要）の数が多く、女性にも親切。小屋の周りには高山植物も咲いている。もちろん夕日やご来光を小屋から見ることもできる。1泊2食9,000円。☎0266-74-2728

旬の見どころ

高山に咲く白い花
ハクサンシャクナゲ

　亜高山帯の針葉樹林やハイマツ帯に咲くハクサンシャクナゲ。花の色は白く、樹高は高くても3mまで。花期は7月ごろ。八ヶ岳では赤岳の主稜線、赤岳天望荘付近で見ることができる。このほかコマクサ、イワカガミ、オヤマノエンドウ、ミヤマクロユリなどが見られる。

access&tel

行き：JR中央本線茅野駅からアルピコ交通バス（約50分）で美濃戸口へ。タクシー利用の場合は美濃戸口まで約30分。
帰り：往路を戻る。

クルマ：中央自動車道・諏訪南ICより八ヶ岳ズームライン経由約10kmで美濃戸口へ。美濃戸口から林道を3km進んだ美濃戸までマイカー進入可能。しかし林道は未舗装で路面が荒れているので、オフロードに適した車で。

問い合わせ先

茅野市役所 ☎0266-72-2101
アルピコ交通茅野駅前案内所
☎0266-72-2151
アルピコタクシー ☎0266-71-1181

鳳凰三山

美しい白砂と岩稜の稜線を歩く

●ほうおうさんざん
●山梨県　●1泊2日

houousanzan

標高
2,840m
(観音岳)

歩行時間：11時間20分／歩行距離：約15.0km／最大標高差：約1,745m

guide
1

滝を見物しながら
ドンドコ沢に沿って歩く

　一軒宿の秘湯、**❶青木鉱泉**の庭からドンドコ沢への登山道に入る。すぐに尾根ルートと河原ルートの分岐となるが、ここはどちらを通ってもいい。樹林の中で2つのコースは合流する。

　うっそうとした樹林を進み、ひたすら高度を上げていく。急坂の少し荒れた道を上がると、**❷南 精進滝**の展望地。落差40メートルの豪快な滝だ。これより先、ドンドコ沢にかかるいくつかの大きな滝を見物しな

がら歩くことができるが、ゆっくりと滝見できるかは出発時間次第になる。

　鳳凰の滝、白糸滝を過ぎると、最後に現れるのが五色滝。登山道から少し離れているが、近づいて見ることができる。垂直の岩壁をまっすぐに流れ落ちる様子は迫力がある。

　露岩の急坂を登り、樹林帯を抜けるとドンドコ沢の源流に出る。正面に地蔵岳のオベリスクを見ながら**❸鳳凰小屋**へ。

1.ドンドコ沢で最初に見られる南精進滝　2.白砂のザレた道を上がり地蔵岳の基部へ　3.大きな岩が重なった山頂の観音岳　4.中道を下山する　5.観音岳を振り返る。薬師岳まで歩きやすい稜線がつづく

guide 2　鳳凰三山の稜線歩きから中道を下山

　キャンプ指定地もある「鳳凰小屋」で1泊し、翌朝、地蔵岳方面へ。ザレ※た斜面をジグザグに登っていくと、地蔵岳の基部にある賽ノ河原に着く。白砂が広がり、オベリスクが大きくそびえている。もうひと登りで❹アカヌケ沢ノ頭に到着。正面に見える甲斐駒ヶ岳や北岳が素晴らしい。眺めを堪能したら尾根道を進もう。

　鳳凰小屋からの道が左から合流する。少し下った白砂の鞍部で、南アルプスのみに

生息するタカネビランジが見られるかもしれない。鞍部より先は急な登りが続き、標高2,840メートルの観音岳に到着。大きな花崗岩が折り重なった山頂だ。

　観音岳から薬師岳までは歩きやすい稜線となる。ハイマツ帯を下り、広々とした山頂の❺薬師岳へ。青木鉱泉に戻るには、中道と呼ばれる樹林のなかの尾根道を下っていく。林道に出たら左折、小武川を渡れば❶青木鉱泉だ。

※ザレ＝小石、土砂などで埋まる崩壊地。ザレ場ともいう。

course map

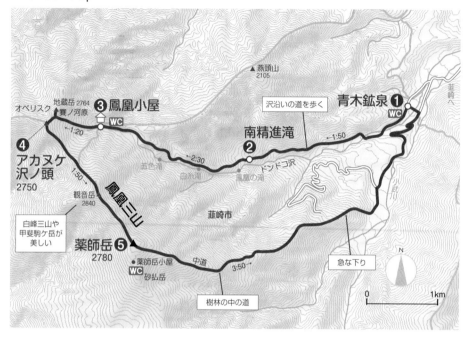

course guide

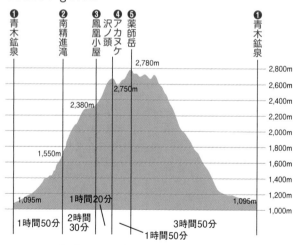

標高差があって健脚向き 変化に富んだロングコース

鳳凰三山とは観音岳、薬師岳、地蔵岳の3つのピークの総称で、信仰登山として古くから登られている。オベリスクと呼ばれる地蔵岳の山頂は鋭く尖り、遠くからでも確認できるほど。鳳凰三山へいたるルートはいくつかあるが、ここではマイカー派に便利な青木鉱泉を基点とした周回コースを紹介している。

course information

トイレ／青木鉱泉、鳳凰小屋、薬師岳小屋にある。
買い出し／韮崎駅から徒歩6分くらいのところにコンビニ、徒歩11分のところにスーパーマーケットがある。

飲食店／韮崎駅周辺にある。
飲料水／青木鉱泉、北御室小屋跡、鳳凰小屋で入手できる。
季節／山小屋の夏の営業は7月から10月末くらいまで。GWは残雪期のため雪山装備が必要。

薬師岳から望む冨士山が雲海の上にそびえる

山小屋情報

地蔵岳直下に位置する鳳凰小屋

　ドンドコ沢と御座石温泉方面への尾根道との分岐にある鳳凰小屋は、温かく懐かしい昔ながらの山小屋。夕食のこだわりカレーが名物。営業期間は4月末〜年末年始。事前に電話で宿泊の予約をすること。1泊2食8,000円。テント泊指定地もある（1人800円）。☎0551-27-2018

旬の見どころ

赤い実がかわいいゴゼンタチバナ

　6月から8月にかけて白い花をつけ、秋になると直径5〜6ミリの赤い果実をつける。鳳凰三山では鳳凰小屋、地蔵ヶ岳周辺で見られるほか、薬師岳周辺に見事なゴゼンタチバナの群生がある。夏の白い花、秋の赤い実と葉の紅葉、どれも見応えがあり楽しめる。

一泊二日のコース

access&tel

行き：JR中央本線韮崎駅から山梨中央交通バス（約60分）で青木鉱泉へ。バスは夏季と秋の週末中心の運行。それ以外はタクシー利用となる。なお本コースは1日目の行程が長いため、前日夜までに青木鉱泉に入っておくと余裕を持って行動できる。
帰り：往路を戻る。

クルマ：中央自動車道・韮崎ICより国道20号、桐沢橋を渡って原山神社前の林道で青木鉱泉へ。青木鉱泉の有料駐車場を利用する。

問い合わせ先

韮崎市役所 ☎0551-22-1111
山梨中央交通バス ☎055-262-0777
青木鉱泉 ☎070-4174-1425

雲より高い場所を登る富士登山

やっぱり登りたい日本一の山

fujisan

富士山

●ふじさん　　●静岡県・山梨県　　●1泊2日

歩行時間：10時間5分／歩行距離：約9.0km／最大標高差：約1,386m

標高
3.776m
（剣ヶ峰）

guide
1

宿泊先の山小屋まで
ゆっくりペースで上る

❶富士宮口新五合目は、富士登山の主要コースのなかで一番標高が高い位置にある。登山口はすでに2,400メートルに近い場所なので、準備体操などしながら30分くらい体を高度に慣らせてから歩き始めよう。

レストセンターの前にある階段から登山道に入り、傾斜のゆるい黒砂の道を登る。登山道は次第に岩まじりとなり、傾斜も急になってくる。6合目の先で宝永山にいたる宝永遊歩道があるが、見送って左手へ。

次に出てくる新七合を越え、さらに50分ほどで❷七合目に到着する。ここですでに標高は3,000メートルを少し超えている。新七合目、七合目と表示が2回出てくることもあり、この区間は長く感じるかもしれない。水分や食事をとったら、さらに上を目指そう。七合目より先は道が溶岩状になってくる。階段状になった岩場は道幅がせまいので、下山者とのすれ違いに気をつけながら進むようにしたい。

1.富士登山の必需品、金剛杖　2.山小屋は登山者の強い味方だ　3.ピーク時には渋滞も覚悟しよう　4.日本一の山頂を目指す　5.やっぱり山頂から見たいご来光

 guide 2

山小屋で1泊したら 日本一の山頂目指して出発

　本コースでは1泊2日の行程で紹介している。できれば八合目または九合目の山小屋で仮眠をとることにする。

　❸九合目からは小さな尾根上の道を細かくジグザグに切り返しながら登っていく。九合五勺まで来ると、いよいよ上りもラストスパート。とはいえ標高も高いので、くれぐれもゆっくりペースで。鳥居をくぐれば❹富士宮口頂上に到着。頂上浅間大社奥宮を参拝して、最高峰の剣ヶ峰を目指す。

　富士宮口頂上から山頂のお鉢を時計回りに進む。ひときわ高く盛り上がった場所が❺剣ヶ峰だ。かつての測候所の建物がある。剣ヶ峰はせまいピークなので、登山者が殺到するご来光の時間はゆずりあって写真を撮りたい。

　剣ヶ峰から急な坂道を慎重に下り、富士宮口に戻る。体力に余裕があればお鉢めぐりもしてみたい。富士宮口から来た道を下り、❻富士宮口新五合目に戻る。

富士宮口山頂は剣ヶ峰に一番近い

course guide

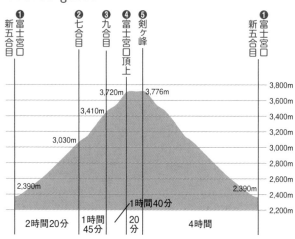

| ❶ 富士宮口 新五合目 | ❷ 七合目 | ❸ 九合目 | ❹ 富士宮口頂上 | ❺ 剣ヶ峰 | ❶ 富士宮口 新五合目 |

3,776m（剣ヶ峰）
3,720m（富士宮口頂上）
3,410m（九合目）
3,030m（七合目）
2,390m（新五合目）
2,390m

3,800m
3,600m
3,400m
3,200m
3,000m
2,800m
2,600m
2,400m
2,200m

2時間20分　1時間45分　20分　1時間40分　4時間

最短ルートの富士宮口から日本一の山頂を目指す

　夏の風物詩、富士登山。登山時期は7月と8月のみ。この2カ月の間に多くの登山者が押し寄せるので、登山道も山小屋も混雑する。富士登山のルートは主に4つあるが、ここでは静岡県側の富士宮ルートから山頂を往復するコースを紹介している。登山口の標高が高く、最短ルートなので初心者におすすめだ。

course information

トイレ／新五合目レストセンター、各山小屋、山頂にある。
買い出し／新五合目レストセンターと山小屋で購入できる。
飲食店／各山小屋で昼食、夕食、朝食が食べられる。

おみやげ／新五合目レストセンターで購入できる。
飲料水／富士山には水場がないのであらかじめ準備しておきたい。足りなくなったら山小屋で購入することができる。

course map

3756▲

开

N

0　　500m

富士山測候所
剣ヶ峰 ⑤
3776

0:20　开浅間大社奥宮
0:20　⊤
④ 富士宮口頂上
WC

0:50　1:40

八合目

斜面がキツイ

九合五勺

九合目 ③　1:45

1:10

八合目

七合目　新七合目

砂、小石の
道を登る

元祖七合目山口山荘
② 七合目

新七合目

1:40　2:20

宝山火口

広い斜面

宝永山荘
雲海荘

富士宮口 ①
新五合目

六合目

表口五合目レストセンター

WC

富士山総合指導センター

宝永遊歩道

access&tel

行き：JR東海道新幹線三島駅より富士急シティバス（約2時間5分）で富士宮口新五合目へ。または JR東海道新幹線新富士駅より富士駅、富士宮駅経由、富士急静岡バス（約2時間5分）で富士宮口新五合目へ。
帰り：往路を戻る。

クルマ：東名高速道路・御殿場ICより富士山スカイライン経由で富士宮口新五合目へ。マイカー規制期間は水ヶ塚駐車場からシャトルバスを利用する。

問い合わせ先

富士宮市市役所 ☎0544-22-1111
富士急シティバス ☎055-921-5367
富士急静岡バス ☎0545-71-2495

山小屋情報

山小屋は8軒。各自のペースに応じて選ぼう

　富士宮ルートの山室は六合目から山頂まで全8軒ある。今回は七合目の山口山荘に宿泊する行程を紹介しているが、出発時間や各人のペースによって宿泊する場所を選びたい。山口山荘の料金は1泊2食8,000円（土曜日は9,000円）。☎0544-23-3938

旬の見どころ

ひっそりと咲くオンダテとコバイケイソウ

　砂れき地に咲く高山植物で、花期は7月から8月。富士山は砂と岩場が多く、花は少ないイメージだが、5〜6合目付近で植物を見かける。足元に咲く植物を観察しながら歩くのも楽しい。特に須走ルートの上り用登山道に花が多い。

一泊二日のコース

127

STAFF

● 企画・編集	スタジオパラム
● Director	清水信次
● Editor & Writer	田口裕子
	西村　泉
	島上絹子
● Illustration	まえだゆかり
● Design	スタジオパラム
● Map	ジェオ
● Special thanks	金子裕美子
	中村珠美
	那須昌棋

関東周辺　レベル別おすすめ登山ガイド
日帰りから山小屋泊まで　選べる30コース

2020年4月20日　第1版・第1刷発行

著　者　ステップアップ登山編集室(すてっぷあっぷとざんへんしゅうしつ)
発行者　株式会社メイツユニバーサルコンテンツ
　　　　(旧社名：メイツ出版株式会社)
　　　　代表者　三渡　治
　　　　〒102-0093 東京都千代田区平河町一丁目1-8
　　　　TEL：03-5276-3050（編集・営業）
　　　　　　　 03-5276-3052（注文専用）
　　　　FAX：03-5276-3105
印　刷　三松堂株式会社

ご意見・ご感想はホームページから承っております。
ウェブサイト https://www.mates-publishing.co.jp/

編集長：折居かおる　副編集長：堀明研斗　企画担当：大羽孝志／清岡香奈

※本書は2012年発行の『関東　女子の山歩き　週末登山とっておきガイド』を元に加筆・修正を行っています。